# An Obair an Eochair

## I dtreo na heacnamaíochta a bhraithfeadh ar gach duine

Comhdháil Easpaig na hÉireann

PÁDRAIG Ó FIANNACHTA
a d'aistrigh le cead na nEaspag

An Sagart
An Daingean
1993

# An Obair An Eochair

## I dtreo na heacnamaíochta
## A bhraithfeadh ar gach duine

### RÉAMHRÁ

1. An cíocras gan sásamh chun post, rud a ghineann dífhostaíocht agus imirce ainneonach, tá sé ar an bhfadhb shóisialta is géire dá bhfuil ag bagairt ar Éirinn inniu. Dífhostaíocht ard na linne seo, Thuaidh agus Theas, dífhostaíocht atá ag luí go trom ar ghrúpaí sóisialta agus ar limistéirí ar leith, tá ciapadh nach bhféadfaí a cheadú á imirt aici ar dhaoine. Ba fhéidir breis a dhéanamh le hí a laghdú, agus caithfear breis a dhéanamh. Tá a fhios againn cén athais ar ár sochaí na máchailí agus na lochtaí uafásacha eile atá uirthi, go mór mór an bhochtaine.[1] Tá an dífhostaíocht, áfach, ag cur leis na lochtaí seo agus lena dheacra atá sé iad a leigheas. Ní éireoidh linn aon dul chun cinn a dhéanamh maidir le réimsí eile den ghéarchéim shóisialta gan breis post a sholáthar. Dá bharrsan, agus go mór mór toisc a mhéid atá an dífhostaíocht, níorbh fholáir dúinn plé leis an dífhostaíocht mar phríomhábhar na Tréadlitreach seo.

2. Nuair a scríobhamar *Obair na Córa*[2] in 1977 bhí an céatadán oifigiúil dífhostaíochta go seasta faoi bhun naoi faoin gcéad sa dá chuid den tír; shíleamar gur dhúshlán bagarthach an méid sin; cuireann sé díomá orainn anois fiú cuimhneamh air sin. Ag scríobh dúinn anois tá an baol ann go bhfuil an dá chuid d'Éirinn ag glacadh leis go mbeidh an céatadán buan dífhostaíochta dhá uair níos airde ná sin. Tá géarchéim againn, tá galar trom fréamhaithe inár dtír, ach tá ár bhformhór ag treabhadh linn agus ag géilleadh don tubaiste seo atá mar chúis mhór fulaingte ag a lán daoine in Éirinn. Admhaímid gur féidir le toscaí nach bhfuil smacht ag Éirinn orthu bac a chur ar sholáthar post anseo, agus sin

1

go tubaisteach ar uairibh; ach is é is mó a chuireann as dúinne ná an cinniúnachas duairc atá ag fás inár measc faoi dhífhostaíocht agus imirce ard a bheith againn as seo amach go dtí an bhliain dhá mhíle, amhail is nárbh fhéidir iad a sheachaint.

3. Bhí an dlaí mhullaigh á cur ar an Tréadlitir agus constaicí á mbagairt ar bhóthar Maastricht chun aontas breise san Eoraip a chur i gcrích agus bhí margaí airgid na hEorpa á suaitheadh thar meon. Luigh an phráinn ar údaráis airgeadais na hÉireann agus ar ár n-onnmhaireoirí sa chéad ásc, ach ba dhúshlán ó bhonn é d'aontacht agus d'aibíocht ár sochaí trí chéile. Iarradh, mar shampla, orthu siúd go léir atá ag obair sa sciathán fothainiúil den eacnamaíocht bealaí a lorg le cuid den ualach atá ar lucht na trádála idirnáisiúnta a iompar ar mhaithe leis an tsochaí go léir.[3] Chonacamar agus feicfimid arís agus arís eile, conas mar a chuireann athruithe tobanna sna margaí idirnáisiúnta, nach bhfuil smacht againn orthu, isteach ar ár n-eacnamaíocht bheag leochaileach. Creidimid gur luaithide agus gur córaide ba fhéidir lenár sochaí plé le suaitheadh mór mar sin má ghlactar go forleathan leis na luachanna agus na spriocanna atá á gcur chun cinn sa doiciméad seo.

4. Táimid lándeimhin de gurb é an beartas uileghabhálach is mó a d'aontódh agus a d'uaisleodh sinn go léir idir shaibhir agus dhaibhir, aontachtóir is náisiúnaí, bean agus fear, lucht cathrach agus lucht tuaithe, cléireach is tuata, ná obair do chách. Níor ghá gurb í Éire an spota is duibhe ar léarscáil fostaíochta an Chomhphobail Eorpaigh. Ó thús na n-ochtóidí tá an dífhostaíocht ag borradh ina rabharta agus tar éis gach rabharta fágtar breis daoine ar barra taoide an díomhaointis bhuain. Níl aon ní fágtha ach fuinneamh, aontacht, agus samhlaíocht chun an dífhostaíocht a laghdú roimh dheireadh an chéid seo. Is é is mó a chuir lenár misneach go bhféadfaí a leithéid a chur i gcrích ná an fonn agus an fiach chun oibre a bhuail linn i gcás daoine aonair, teaghlach, agus comhluadar. Ní chuireann siad fiacail ann ach a rá gurb é is mó atá uathu chun maireachtála ná "post le dealramh". Tá an-fhonn ar lucht na dífhostaíochta a mbeatha a thuilleamh agus sin

2

ar shlí nach maslódh a saoirse ná a ndínit. Ní bheadh, dar leo, i dteacht isteach réasúnta, cinntithe, ón leas sóisialta, ach sceach i mbéal bearnan. Dá réir sin, ní dhéanfadh córas dea-mhaoinithe éifeachtach béasach leasa shóisialta dualgas na sochaí i leith na mball dífhostaithe a shásamh, ná a chur ar a gcumas-san a ndualgais ina leith féin a chomhlíonadh. Ní leannán í an dífhostaíocht, ach galar atá le díbirt ar fad as an tír.

5. Feicfear lé le réitigh áirithe sna moltaí le teacht. B'fhéidir gurbh fhearr le daoine eile a malairt agus tá sin de cheart acu. Ní dhéan-faimis, fiú dá bhféadfaimis, plean chun poist a sholáthar agus ion-cam a athdháiliú a mholadh; le creideamh a bhaineann ár n-údarás, agus, dá bhrí sin, ní le heacnamaíocht ach le heitic agus le daonnacht.[4] Sé atá á chur romhainn againn ná agallamh a dhéanamh le muintir na hÉireann go léir faoi cad is ciall dáiríre leis an dífhostaíocht thar meon atá á ceadú againn. Déanaimid sin chun fonn breise a chur orainn í a chloí, agus aird bhreise a thabhairt ar conas ab fhéidir é sin a chur i gcrích, agus a chur ar a súile don phobal gur chóir dúinn go léir glacadh le fostaíocht a sholáthar mar chéad sprioc.

6. Is fíor nach féidir le haon duine aonair dínn, ná le haon ghrúpa lena mbainimid (ceardchumann, eagras fostóirí, cumann gairme, cumann deonach nó logánta) fadhb na dífhostaíochta ná na himirce a leanann í a réiteach. Tá a fhios againn leis áfach *nach réiteofar í inár n-éamais.* Níor chóir d'aon duine a mheas go gcuirfear an mhaoin, an fuinneamh agus an tsamhlaíocht is gá le dífhostaíocht a throid i bhfeidhm gan é féin. Tugann an Tréadlitir seo cuireadh do gach duine aonair, do gach grúpa, machnamh a dhéanamh ar cé mar a d'fhéadfaidís lámh chúnta a thabhairt le haontacht éifeachtach a nascadh leis na sluaite dár muintir atá ag lorg oibre.

7. Táimid ag scríobh go speisialta chucu siúd leis atá ag iarraidh Íosa Críost a leanúint níos dlúithe inár sochaí atá chomh sractha óna chéile sin inniu. Sé a deirimid sa litir seo lenár muintir féin agus leis na Críostaithe eile go léir a gcuirimid fáilte roimh a smaointe agus a moltaí mar mhaise ar ár gcuid féin, ná go bhfuil

caoi againn casadh ar Chríost san iarracht a dhéanaimid an tsochaí Thuaidh agus Theas a dhéanamh braiteach i leith an ghá atá ag an bpobal d'obair agus d'fhostaíocht. Ansiúd a mhothóidh tú, ábhar, cad is peaca ann, agus conas a chreimeann sé daonnacht an pheacaigh agus a chuspóra; ansiúd a fhoghlaimeoidh tú beagán éigin faoi cad a éilíonn deisceablacht lenár linn agus cad is ciall leis an gcéad rogha ar son na mbocht; ansiúd a bhraithfidh tú, gan coinne ar bith leis, an Spiorad Naomh i láthair; ansiúd a dhéanfar ball díot d'Eaglais ar searbhónta í do Ríocht Dé; ansiúd a gheobhair áis phraiticiúil leis an ngrá uileghabhálach úd, arb é sainchomhartha an Chríostaí é, a chur in iúl.

8. Ag ullmhú na Tréadlitreach seo dúinn, fuaramar cabhair fhial ó fhir is ó mhná atá gnóthach ar gach leibhéal den eacnamaíocht, Thuaidh agus Theas – daoine dífhostaithe, bainisteoirí comhlachtaí móra idirnáisiúnta, ceardchumannaigh, eacnamaithe, lucht airgeadais agus eile. Thug ár gCoimisiúin Chliarlathais féin, diagairí, agus comhairleoirí eile cabhair dúinn. Beart tábhachtach a rinne an Chomhairle um Leas Sóisialta ab ea foilsiú doiciméad "Unemployment Jobs and the 1990s" mar bhunús plé, agus gur ilghnéitheach luachmhar na tuairimí a fuarthas faoi ó dhaoine ar leith, ó ghrúpaí, agus ó chumainn ar fud Éireann. Táimid buíoch ó chroí do gach duine a chabhraigh linn.

9. Bheartaíomar tagairtí dá lán staidéar ar chúrsaí socheacnamaíochta na hÉireann a thabhairt i dtéacs ár dTréadlitreach. Ní toisc go raibh sé ar ár gcumas-na, mar easpaig, anailísí agus tátail na staidéar sin a phromhadh, a rinneamar amhlaidh, ach gur dóigh linn go bhfuil sé tábhachtach go ndéanfaimis iarracht ár gcúram faoi luachanna agus faoi phrionsabail a chur i láthair, oiread agus ab fhéidir, i gcomhthéacs na bpolasaithe atá á bplé agus á gcur i bhfeidhm, agus á leasú, i láthair na huaire. Cabhróidh na tagarthaí lena chur ar a súile do dhaoine go bhfuil an dianiarracht maireachtáil de réir luachanna agus prionsabail an tSoiscéil ar siúl dáiríre gach lá inár dtimpeall; nílimid ag tosú ó bhonn. Cabhróidh na tagarthaí freisin le grúpaí staidéir chun a bhfuil á rá ag an Tréadlitir a cheapadh go criticiúil.

10. Táimid ag tnúth agus ag dúil leis gur i neart agus i ndoimhne a rachaidh an comhairliú agus an t-agallamh a ghabh le réiteach na Litreach seo. Ní aidhm ann féin é foilsiú na litreach, dar linn, ach gur léas solais í ar bhunchúiseanna ár ndífhostaíochta agus ár n-imirce atá araon comh hard sin, agus gur spreagadh í chun an chomhair sin a éilítear lena gcniogadh a chur i gcrích.

## TAGAIRTÍ

1. Tréadlitir arbh aidhm di éagóir shóisialta uile na hÉireann inniu a iniúchadh, níor mhór di plé leis na nithe seo a leanas: foréigean polaitiúil, coirpeacht, easpa tithíochta, éigean ban, éigean leanaí, mí-úsáid alcóil agus drugaí, leathchuma ar lucht taistil, agus príosúin phulcaithe.

2. *Obair na Córa: Tréadlitir Easpaig na hÉireann,* BÁC, Veritas 1977. Phléamar arís le cuid dá mhórthéamaí in *Christian Faith in a Time of Economic Depression,* Ráiteas Chomhdháil Easpaig na hÉireann le linn a gCruinnithe Ghinearálta, 15 Meitheamh 1983; agus in *Emigration: A Pastoral Letter from the Bishops of the West of Ireland, Dé Domhnaigh 15 Márta 1987.*

3. Maidir le hanailís ar an gceangal idir an chuid san fhothain agus an chuid faoin scríb dár n-eacnamaíocht, féach An Chomhairle um Leas Sóisialta, *Unemployment, Jobs and the 1990s,* BÁC, An Comhairle um Leas Sóisialta, 1989, §§54-58, lgh 25-27, go háirithe alt 57.

4. "Is lucht áise, *facilitators,* sinne dar linn i mbeartas is dóigh linn a dhéanfaidh athrú chun feabhais ar shaol ár muintire. Ní saineolaithe sinn in aon limistéir i gceist; níl cumhacht fheidhmiúil againn; nílimid ag tabhairt fios a ghnó d'aon duine; níl ar siúl againn ach ag labhairt amach d'aonghuth le haird a dhíriú ar fhadhb shóisialta atá ag dul i ngéire. . ." (An tEaspag Seán Ó Ciarba, Easpag Chluain Fearta, Focail chlabhsúir ag "Developing the West Together", Seimineár a reachtaigh Easpaig Iarthar Éireann sa Ghaillimh, 4-5 Samhain 1991, lch 1).

# CUID A hAON

## *An Comhthéacs: Canathaobh Dúinn Scríobh Anois?*

11. Mura gcuirimid le chéile agus aghaidh a thabhairt le misneach ar an dífhostaíocht ard atá fréamhaithe chomh doimhin inár sochaí anois agus a bhfuil an baol ann go nglacfaidh an tromlach a bhfuil obair acu leis an scéal mar atá sé, beimid go léir síos leis. Beidh líon mór daoine ag caitheamh saol na hainnise, beidh ár sochaí deighilte níos doimhne fós óna chéile, éireoidh ár gcultúr saoránach leochaileach agus ár dtacaíocht leis an mhaith choiteann níos laige fós; déanfaidh an imirce slad ar an meas atá againn orainn féin mar phobal agus ar ár dtionchar ar an saol amuigh.

(i) *An Bochtanas agus Deighilt Shóisialta*

12. Tá iontas á chur ar an tsochaí thuaidh agus theas in Éirinn de réir dealraimh mar gur féidir di cur suas le dífhostaíocht ard bhuan. Sa Tuaisceart glactar leis *ó thaobh tuairime* de go bhfuil easpa oibre sásúla (agus easpa feidhme aibí, dá réir sin, ar a lán den óige) ag cur leis an mealladh atá ag gabháil le páirtíocht in eagraíochtaí paramíleata. Ós rud é go bhfuil an limistéar ag cur suas leis an oiread sin foréigin pholaitiúil, áfach, braitear nach aon nath é, i gcomparáid leis sin, cur suas le dífhostaíocht ard. Sa Deisceart measadh tráth dá rachadh an dífhostaíocht thar 100,000 go mbrisfí an rialtas. Anois, áfach, agus an boilsciú íseal, an cothromú díolaíochta folláin, agus na fiacha náisiúnta faoi smacht go sásúil, dealraíonn sí gur féidir cur suas le dífhostaíocht atá ag teannadh le 300,000. Sa dá chuid den tír, is dóigh lena lán den tromlach a bhfuil fostaíocht acu nach bhfuil formhór na ndaoine atá dífhostaithe go holc as mar go bhfuil, dar leo, íocaíochtaí réasúnta maith leasa shóisialta agus/nó teacht isteach ón eacnamaíocht dhubh á bhfáil acu.

13. Ach is é mar atá an scéal dáiríre agus is deacair aghaidh a thabhairt air – ná gur theip orainn caoi a thabhairt do dhuine as gach cúigear nó ceathrar dár muintir, atá ag lorg oibre sa tír seo, a bheith páirteach go gníomhach inár saol eacnamaíoch. Níl rompu ach an bád bán go tíortha eile nó fanacht sa bhaile agus saol gan bhrí gan sprioc a chaitheamh ag brath ar fad ar ár gcóras leasa shóisialta. Ní mór é a rá arís agus arís eile nach iad na cáiníocóirí is daoire atá ag díol as an dífhostaíocht inniu ach na daoine ar leith, na teaghlaigh, agus na comhluadair ar ar leagadh í mar ualach. Deir daoine áirithe leo féin go saonta go bhféadfadh an scéal a bheith níos measa mar nach bhfuil aon duine den dream dífhostaithe ag fáil bháis den ghorta. Deir daoine eile nach féidir an saol a bheith chomh hainnis sin ag lucht na dífhostaíochta ós rud é go mbíonn tobac á ól acu agus físeáin á bhfeiceáil acu. Ach mo léan géar, is é mar atá an scéal ná go bhfuil a lán gan obair, ina suí ar a dtinteáin agus iad ar a ndícheall ag iarraidh a saol agus a sláinte, a gclann agus a gcomhluadar, a meas agus a muinín, a choiméad slán d'ainneoin deacrachtaí thar meon.

14. Ar na deacrachtaí sin tá:
  * An bhraithstint diúltaithe a thagann ón tsíorthóraíocht oibre gan faic dá bharr. Briseann ar mhisneach an duine dhífhostaithe tar éis teip ar theip post a fháil. Faigheann an drochmhisneach greim daingean ar dhuine. D'fhéadfadh an sampla suarach a bheadh á thabhairt aige dá leanaí atá fós ag dul ar scoil masmas a chur ar athair clainne; d'fhéadfadh daoine óga a bhrath go rabhadar ag teip ar a dtuismitheoirí, bean a bhrath nach raibh sé riamh i ndán di baint leis an saol thar tairseach amach. Creimeann an dífhostaíocht meas duine air féin ó thalamh.
  * An cath dian gan staonadh a bhíonn le fearadh in aghaidh fiach nuair nach leor ioncam na seachtaine do riachtanais na beatha. Tá sé cruthaithe ag taighdeadh ar an mbochtanas sa Phoblacht gur fhág dífhostaíocht fhada sna hochtóidí breis mhór daoine in umar na bochtaine, agus gur clann daoine dífhostaithe a lán dá bhfuil i gceist.[1] Fág nach bhfuil caighdeán maireachtála an líon tí bhoicht in Éirinn ar aon dul le gannchúis agus ainnise an Tríú Domhan, mar sin féin gabhann crapadh agus ciapadh gan

7

stad leis. Bítear ag brath ar bhia saor sactha; ní bhíonn airgead ar fáil do throscán nua, do mhaisiú an tí, do ghléasra buan tí agus cistineach, d'éadach cuí do aosánaigh na clainne, nó le turasanna taitneamhacha a eagrú don chlann.² Fágann dífhostaíocht bhuan saol duine gan chinnteacht, gan mhalairt, gan suairceas.³

\* An ghruaim a ghabhann le saol gan athrú lá i ndiaidh lae, gan caoi do rogha saoil, ná do phleanáil le haghaidh saoil níos fearr. Do fhormhór na ndaoine is mór an taca é post le treoir a thabhairt dá mbeatha ghnáth, le caidreamh a dhéanamh leis an saol mór, agus lena thabhairt le tuiscint dóibh go bhfuil sprioc éigin ag a saol. Daoine gan post, áfach, ní bhíonn siad ach ag iarraidh gan a bheith cortha dá saol. Bíonn sé deacair orthu eagar a chur ar a lá, agus is deacracht bhreise an tslí ar féidir fios a chur orthu, gan rabhadh ar bith, chun freastal ar agallaimh le hoifigigh leasa shóisialta nó traenála. Is deacair dóibh seo atá sna fichidí agus dífhostaithe bheith ag súil le haon ní cóir nuair gurab é crut atá ar a C.V. cheana féin nach dócha go ndéanfar post ceart a thairiscint dóibh go deo. Fágann an dífhostaíocht daoine gan dóchas go bhfuil aon ní fónta i ndán dóibh.⁴

\* Léim an daill i nduibheagán na himirce gan cáilíochtaí cuí ná caidreamh le cairde chun tosú maith a dhéanamh i sochaí eile. Tá sé soiléir ón bhfianaise mar shampla go bhfuil líon mór de dhaoine óga dealbha soghonta dífhostaithe i measc na n-imirceach ó Éirinn go dtí an Bhreatain. Tá imircigh leis dár gcuid sa Bhreatain ó na blianta siar atá ag cailliúint a bpost agus ag dul in aois go huaigneach aonarach gruama agus ní haon dóichín é sin i dtír iasachta. Tá, foríor, breis agus ár gceart de dhaoine de bhunadh Éireannach áirithe ar liosta institiúidí meabhairghalair na Breataine, nó fágtha gan teach gan treabh.⁵ Fiú i gcás na n-imirceach dea-cháilithe, tarlaíonn sé, ar uairibh, nach aon chabhair dóibh gur Éireannaigh iad agus iad ag iarraidh an stádas gairme nó an stádas sóisialta is dual dóibh seachas sin a ghnóthú. Bíonn imeallú nó iomrall sprice ina ngairm mar dheasca ar imircigh a chaitheann imeacht thar lear in aghaidh a dtola.⁶

15. Níl baol le deireadh ráite againn faoi na fadhbanna a ghabhann leis an dífhostaíocht. Ach is é atá ar siúl againn anois ná ag

iarraidh a chur ina luí ar gach aon duine go bhfuil an bochtanas sa tír seo craiteach díobhálach cé go ndéarfadh socheolaithe go bhfuil sé, sa chéad áit, "coibhneasta" in ionad a bheith "absalóideach". Tá sé forleathan, áfach, is cuma cén tslat lena dtomhaistear é.[7]

16. Is toradh é an bochtanas "coibhneasta" ar éagothromaíocht thar meon. Bíonn sé i gceist nuair a bhíonn ioncam daoine an oiread sin faoin méan ina sochaí nach mbíonn ar a gcumas na nithe, a nglactar leo mar an ngnás, a dhéanamh ná a bheith páirteach iontu. Deirtear linn i gcás na dteaghlach ina mbíonn an ceann teaghlaigh dífhostaibhe, go gcaitheann 6 cinn díobh as 10 maireachtáil ar ioncam *níos lú ná leath* an mheáin sa Phoblacht inniu.[8] Ní mór dúinn cuimhneamh air go mbíonn baill na dteaghlach sin ag gliúcaíl trí na fuinneoga céanna siopa, ag faire na cainéil chéanna teilifíse, agus ag éisteacht leis na staisiúin chéanna raidió leis an gcuid eile den phobal. Níl aon dul acu as ach bheith ag faire ar na nithe a chuirtear i láthair mar shamplaí den dul chun cinn, den tsaoirse, de ghnaoi an phobail, agus ar an gceangal bréagach a dhéanann an fhógraíocht inniu iarracht ar a bhunú idir déantúis áirithe agus riachtanais bhunúsacha an duine. Is minic daoine a bhfuil ioncam sách maith acu á gclos againn á rá gur chóir do lucht na dífhostaíochta a mbuiséad a láimhseáil níos fearr. Is taibhsí go mór an caiteachas agus an díomailt i measc lucht gustail ná na mbocht. Le fírinne is amhlaidh a bhíonn an scéal ar uairibh, foríor, gur mó an sásamh croí do dhaoine dífhostaithe an toitín agus TV cábla, agus gur mó an sonas bunúsach daonna a fhaigheann siad as an airgead a chaitear mar sin ná dá gcaithfí é ar bhia níos fearr a sholáthar.

17. Munar leor an méid sin chun an ghráin ar an dífhostaíocht a chur ar gach duine sa tír seo, cuireadh an t-áiteamh conas mar atá dífhostaíocht dhaoine eile ag goilliúint ar a saol féin an scéal abhaile orthu. Tá an táirgeadh náisiúnta i bhfad níos ísle ná mar a bheadh sé gan dífhostaíocht mar seo; de bharr na dífhostaíochta tá laghdú ar an ioncam ó cháin agus méadú dá réir ar an gcaiteachas; tá breis daoine á mealladh chun coirpeachta agus

chun bearta in aghaidh na sochaí dá barr; tá breis díothú maoine agus easpa tí agus dídine. Sochaí ina mbíonn an oiread sin dá muintir á mbrú i leataoibh ag an dífhostaíocht, bíonn sí faoi bhrú agus faoi bhagairt níos mó agus níos mó. Mar chruthú gruama air sin ní gá ach féachaint ar an mbreis aird atá á tabhairt ar shlándáil i ndearadh tithe agus blocanna árasán na méanaicme.

18. Nuair a fheicimid na comharthaí seo go bhfuil deighilt mhíshláintiúil á cothú againn inár n-eacnamaíocht agus inár sochaí, bíonn ardmheas againn ar obair na n-eagras eaglasta agus eile a bhíonn ag saothrú go dícheallach chun ár n-aird mar phobal a dhíriú ar na cúinsí seo agus ar an dúshlán a bhaineann leo. Díríonn an Tréadlitir seo ar an dífhostaíocht mar gurb í is mó atá ag brú na héagothromaíochta chun cinn agus is mó is bac agus ceataí don toil agus do na hiarrachtaí plé léi le héifeacht. Tugann teagasc sóisialta na hEaglaise treoir chun na bpolasaithe atá le cur i bhfeidhm má tá an bochtanas do-iompair inár measc le sárú. "... obair dhaonna an eochair, an t-aon eochair riachtanach, b'fhéidir, atá ann leis an gceist shóisialta ar fad a réiteach. .." (*Laborem Exercens*, §3; linne an bhéim).[9]

(ii) *An Cultúr Saoránach agus An Mhoráltacht Phoiblí*

19. Feicimid go bhfuil fostaíocht ard na linne seo ag dreo cáilíocht a saoil dá lán daoine agus, seachas sin, ag cothú cultúir shuaraigh shaoránaigh agus ina macalla air sin san am gcéanna. I gcomhthéacs na Tréadlitreach seo is é atá i gceist againn le cultúr saoránach ná an tuiscint atá ag daoine dá n-ionannas le chéile agus a bhfreagracht dá chéile mar shaoránaigh agus a meas ar an maoin phoiblí. Dá mbeadh an cultúr saoránach tréan, mar shampla, bheadh claonadh cun cáin a íoc in áit í a sheachaint mar go mbraithfeadh daoine go raibh a gceart gan leathchuma á fháil ag cách agus go raibh an t-ioncam poiblí á chaitheamh, le héifeacht agus le gaois, ag neartú agus ag cosaint an mhaith choiteann go soiléir sofheicthe. Ní mar sin atá, foríor, ag an tsochaí i gceachtar den dá chuid d'Éirinn inniu. Is é an dearcadh atá i réim go forleathan ná nach miste aon cháin is féidir a sheachaint agus aon

liúntas sóisialta nó aon íocaíocht phoiblí is féidir a snapadh. Táthar sásta aon iompar a mhaitheamh sna gnóthaí seo "chomh fada is nach mbeirtear ort". Dá dheascaibh sin bíonn íoc cánach á sheachaint,[10] bíonn go leor á chaitheamh ar mhodhanna éalaithe ó cháin, bíonn brú tréan á úsáid le deontais ar leith a fháil nó fabhar sa chód cánach; bíonn caighdeáin ísle i bhfeidhm agus íocaíocht leasa shóisialta á héileamh, nó billí cuntais á réiteach d'údaráis phoiblí; galar trom morálta é sin go léir.

20. Chun cultúr tréan saoránach a bhunú éilítear go mbeadh caighdeáin arda i bhfeidhm sa mhoráltacht phoiblí. Baineann moráltacht phoiblí le gach gné de chaidreamh daoine le chéile sa tsochaí. Ní lenár ndualgais chánach amháin a bhaineann sé ach i measc rudaí lenár n-iompar i leith gach rud atá á mhaoiniú go poiblí (liúntais leasa shóisialta, deontais ghnó sláinte agus oideachais, seirbhísí éigeandála, saoirse ó cháin etc.); lenár luacháil ar ár sheirbhísí i gcúrsaí trádála; le díol fiacha gan moilliú go háirithe i gcás na muintire is treise ó thaobh maoine; lenár meas ar an dlí agus ar bhealaí an dlí; lenár bhfírinne agus lenár dtuiscint ar fhreagracht sna meáin chumarsáide; lenár bpáirtíocht i gcumainn, i gceardchumainn nó in eagrais phoiblí eile; agus lena lán eile nach iadsan.

21. Tá sé de dhualgas orthu siúd, a bhfuil údarás acu, a bheith ar thús cadhnaíochta ag iarraidh caighdeáin arda a chur i bhfeidhm sa mhoráltacht phoiblí. Is mór an náire go bhfuil ciniciúlacht ag borradh in Éirinn maidir le húdarás i bpolaitíocht, i ngnó, sa bhfeidhmeannas poiblí, sna ceardchumainn agus sna heaglaisí. Is mó de bhagairt ar shláinte ár ndaonlathais é sin, creidimid, ná mar ba mhaith lena lán a admháil. Bheifí ag siúl leis, b'fhéidir, i measc na ndífhostaithe nuair a bhíonn sé á adhaint ag an tuiscint atá acu go bhfuil an milleán ar son a ndífhostaíochta á chur orthu féin, agus gur theip an córas oideachais orthu. Is bocht an mhalairt ar phost ceart dar leo tairiscint a fháil ar chúrsa éadairbheach traenála, nó obair ghearrthéarmach. Goilleann sé orthu nach gcuirtear nithe ina gcomhairle. Fágann easpa áiseanna agus fadhbanna sóisialta limistéirí áirithe tithíochta poiblí, ar uairibh,

11

gur ceataí ag lorg oibre fiú seoladh na ndaoine dífhostaithe a bhíonn ina gcónaí iontu. Cúis bhróin dúinne leis é, fiú nuair a ghlactar le bronntanas an bhaiste go forleathan, go mbraitheann na daoine agus na comhluadair i gceist, go bhfuil an Eaglais seo againne leis coimhthíoch uathu dála na n-údarás poiblí agus an chórais pholaitiúil.

22. Is measa fós de bhagairt an ciniceas agus an coimhthíos seo dár gcultúr saoránach nuair go bhfuil sé chomh forleathan i measc an tromlaigh atá fostaithe. Tá imeachtaí áirithe tar éis cur go mór le déanaí le díomá agus míshástacht an phobail leis an gcóras polaitiúil, nithe mar a mhaille agus a dheacra atá sé teacht ar réiteach maidir lena bhfuil i ndán do Thuaisceart na hÉireann; scannail ghnó agus iad fite leis an saol polaitiúil sa Phoblacht; an tuiscint thuaidh agus theas go bhfuil ionadaithe logánta agus ionadaithe pairliminte aineolach ar na socruithe a dhéanann airí rialtais agus státseirbhísigh shinsearacha (e.g. maidir le margaíocht laistigh den Chomhphobal Eorpach (CE)).

23. Tá fianaise ar fáil le tamall go bhfuil ár gcultúr saoránach in Éirinn lochtach seachas é siúd i dtíortha beaga eile san Eoraip[11] ar mhaith linn dul in iomaíocht leo faoin bhfostaíocht, agus gurb í ár stair is cúis leis sin cuid mhór. Braitheann, mar shampla, an pobal náisiúnach i dTuaisceart na hÉireann i gcónaí go bhfuil an saol sibhialta agus an saol poiblí deoranta coimhthíoch agus claonta ina n-aghaidh. Sa Phoblacht, d'fhág stair fhada chóilíneach an pobal ar bheagán tuisceana do fhreagracht sna córais phoiblí, ach sna céad deichniúir blian neamhspleáchais rinne dílseacht dhaingean chreidimh cúiteamh ar a shonsan. De réir mar atá tuiscint bholgach do neamhspleáchas an aonaráin, agus aird thar meon ar mhaoin ábharga, ag creimeadh an chreidimh, tá fréamhacha na moráltachta poiblí á bhfágáil ar bheagán ithreach agus feictear anois a laige atá an cultúr saoránach.[12] Is beag taca ag an tsochaí. Is dóigh linn gur mór mar a chothódh fréamhacha athnuaite creidimh cultúr daingean saoránach.

12

24. Fágann an cultúr lag saoránach seo againn in Éirinn gur deacraide feachtas éifeachtach a chur chun cinn le poist a chruthú. San am céanna déanfaidh iarracht aontaithe an phobail chun breis post a sholáthar ár gcultúr saoránach a ghriogadh agus a fhorbairt. Cabhróidh tuiscint bhreise ar nádúr na hoibre daonna mar ghníomhaíocht chomhair shóisialta ó bhonn – . . . *"obair le daoine agus obair ar mhaithe le daoine . . ."* (*Centesimus Annus* §31),[13] – cabhróidh sin le dlúthchomhar nua a fhí isteach inár saol sóisialta.[14]

### (iii) *An Imirce agus ár Meas orainn féin mar Phobal*

25. Chomh maith le a bheith ag bagairt ár sochaí a sracadh ó chéile agus ár gcultúr saoránach a chreachadh, tá an dífhostaíocht ag cothú leibhéal imirce atá ag creachadh ár bhféiniúlacht mar phobal. Níl aon tsochaí ann nach mbíonn baill di a bheartaíonn a saol a chaitheamh i dtír dheoranta. Aon duine, áfach, a sheas riamh ag aerphort nó calafort paisinéirí sa tír seo ag deireadh saoire na Nollag, ní baol go mbeadh sé de dhul amú air/uirthi a mheas gur imirce ghnách atá againn sa tír seo, agus nach bhfuil inti ach comhartha simplí go bhfuil an Eoraip agus a teaspach ag mealladh ár n-óige-ne dála a lán daoine óga eile ar fud an domhain. Scaradh pianmhar na clainne, fearg na n-óg agus iad ag filleadh ar stádas an oibrí luaimnigh tar éis blaiseadh beag gairid a fháil ar shó a dtinteáin féin, an ghruaim a bhuaileann ar shráid agus ar bhaile in áit an ghriothail agus an spraoi a thug an óige ann leo, ar feadh tamaill bhig, sea, tugann na nithe sin go léir léargas breise ar éifeacht nimhneach na dífhostaíochta ar ár sochaí.

26. Céim ar aghaidh dhearfach inár saol is ea sinn a bheith páirteach sa ghluaiseacht i dtreo breis aontachta san Eoraip, agus is céim í a d'fhéadfadh amharc úr a thabhairt dúinn ar an aighneas polaitiúil i dTuaisceart na hÉireann. Is é mar atá an scéal ag an bPoblacht inniu ná go bhfuil cumhacht aici agus freagracht uirthi a sháraíonn a tábhacht eacnamaíochta agus méid a daonra, agus sin laistigh d'eagras a bhfuil todhchaí na hEorpa, agus caidreamh an domhain shaibhir leis an domhan daibhir go mór ag braith ar

mar a fhorbraíonn sé. Ach san am céanna de réir mar a chuirfear an Margadh Aonair, lenar ghabhamar in 1987, i bhfeidhm is lú agus is lú fós a bheidh daoine sásta fanacht in Éirinn gan post acu nó gan acu ach post suarach. I dtús cadhnaíochta, beidh i gcónaí an óige agus an mhuintir oilte a bhfuil forbairt mhear ár n-eacnamaíochta ag brath ar a solúbthacht agus a scileanna. An teip seo orainn obair shásúil a sholáthar sa bhaile, beidh sé ag cur go mór leis na fórsaí lárnaithe atá á múscailt cheana féin ag an Margadh Aonair, agus ag tacú le comhlachtaí, caipiteal, agus daoine a tharraingt i dtreo chroílár na heacnamaíochta thar farraige soir.

27. Ní dhéanann sé ach fadhb mhór shóisialta a cheilt, nó, rud is measa ná sin, a thabhairt le tuiscint go bhfuil áibhéil á dhéanamh ar an scéal, nuair a thugtar ''soghluaiseacht na n-oibrithe'' nó ''imirce inmhéanach'' ar an imirce éigeantach seo. Má thosaíonn an imirce mhór den dream óg arís ní bheidh de thoradh uirthi ach gur dhóichide gurb é an tábhacht chéanna a thabharfaidh stáit mhóra na hEorpa sa deireadh do Phoblacht na hÉireann agus a thugaid do réigiún sa Chomhphobal (leithéid na Sicile, na Gailíse, nó Thuaisceart na hÉireann), agus gur fíorbheag an éifeacht a bheadh ag Rialtas na hÉireann ar chomhairle na nAirí sa Chomhphobal agus é méadaithe. Níl ach réigiúin laistigh d'aonaid náisiúnta níos mó a bhíonn sásta – agus ní mó ná sásta iad ar uairibh – le himirce mhór bhuan dá n-óige go duíchí eile ar thóir oibre.[15]

28. Dúirt daoine áirithe go raibh sláinte bhunúsach eacnamaíocht na hÉireann sna blianta 1991 agus 1992 á ceilt ag an dífhostaíocht uafásach ard. Bhíodar á chur in iúl gurb é faoi deara an méadú ar an dífhostaíocht ná an cúlú eacnamaíochta a bhí ag leanúint chomh fada sin sa Bhreatain agus a d'áitigh ar a lán eisimirceach gurbh fhearr bheith dífhostaithe sa bhaile ná thar lear agus gur fhilleadar dá bharr. Lean siad orthu á rá go ndearna an t-ardú ar an dífhostaíocht na prionsabail shláintiúla bhunúsacha eacnamaíochta a cheilt, nithe mar an ráta íseal boilscithe, na breiseanna sa chothromú íocaíochtaí, cumas iomaíochta na gcomhlachtaí, an maolú ar an gcoibhneas idir na fiacha náisiúnta agus an táirgeadh

14

iomlán náisiúnta etc. Ba é a gcomhairle dúinn dá réir sin ná "gan bogadh" agus fanacht nó go ndéanfadh feabhas ar eacnamaíocht na Breataine tochas a chur ar chosa na n-imirceach arís. Má fhéachtar ar an bhfadhb ó thaobh an Teagaisc shóisialta Chaitlicigh, áfach, feicfear nach bhfuil aon ní níos riachtanaí do fheidhmiú chóras eacnamaíochta ná go mbeadh ar a chumas poist shásúla a sholáthar (féach Cuid a Dó). Is é an dearcadh sin a d'fhéach ar an méadú ar an dífhostaíocht in 1991 agus 1992 mar fheabhas sa mhéid go raibh deireadh le himirce bhuan ar feadh tamaill ar a laghad, agus gur chaitheamar aghaidh a thabhairt ar an aon fhadhb bhunaidh. Chonaiceamar go léir a mhéid agus a ghéire a bhí an tnúthán agus an cíocras chun oibre; ar deireadh braitheadh an phráinn a bhain le fadhb na dífhostaíochta a réiteach. Ba thrua agus ba mhórthrua é dá gceadódh imirce mhór bhuan arís eile dúinn athruithe móra inár meon, i struchtúr ár sochaí, agus inár bpolasaithe a sheachaint.

29. D'éirigh le hEaspaig Iarthar na hÉireann caoi a thabhairt dá lán daoine san iarthar labhairt amach os ard d'aon ghuth ag rá: "Stad" le breis imirce. Tá siad ag caint ó chuid d'Éirinn mar a bhfuil an daonra tite 24 faoin gcéad ó 1926, ó áiteanna tuaithe as ar imigh oiread agus beirt as gach triúr sna hochtóidí déanacha, ó áiteanna mar arb é is ciall le gan imeacht ar imirce ná diansaothar ar feadh uaireanta fada ar fheirmeacha beaga ar ioncam ar beag agus ar suarach é i gcomparáid leis an saothar a d'éiligh sé, agus nach leor ar aon chor é mar shlí bheatha do theaghlach – i bhfocail eile ó thuath mar a bhfuil crainn ag cur an ruaig ar dhaoine agus ar thithe. Is maith is eol dóibh an difríocht idir "soghluaiseacht na n-oibrithe" agus creill bháis slí maireachtála. Tá imeacht na n-óg tar éis buile trom a bhualadh ar shaol na ndaoine in áiteanna faoin tuaith i dtreo go bhfuil cúrsaí gnó áitiúla, scoileanna, agus paróistí i mbaol. Ní glao in aghaidh an oirthir ná lucht na gcathrach é a nglao ach glao a deir go bhfuil fonn oibre orthu, fonn comhair, ar mhaithe leis an bpáirt sin d'Éirinn mar a bhfuil cónaí orthu. Is é an scéal céanna é ag comhluadair faoin tuaith i ngach cúige eile leis, agus Laighin san áireamh, de dheasca an óige a bheith bailithe leo. Tugann beart misniúil an Iarthair misneach dóibh agus is mór

15

a théann sé chun tairbhe dúinn go léir in Éirinn, agus go deimhin ar fud an Chomhphobail Eorpaigh. Tá sé de cheart ag comhluadair thuaithe a bheith ag siúl leis go n-oibreodh an córas ar a dtaobh agus ar mhaithe leo. Éilíonn cluas dáiríre le glór an Iarthair go mbeifí sásta na struchtúir áitiúla agus réigiúnda a neartú mar is tríothusan is féidir freagracht agus áiseanna a bhreith chomh cóngrach agus is féidir don mhuintir a bhfuil gach rud ar deireadh thiar ag brath ar a bhfreagra.[16]

30. Is fíor gur ceann de spriocanna an Mhargaidh Aonair é go bhféadfadh daoine dul gan cheataí ó phost go post eile. Bealach áisiúil é sin go deimhin le go bhféadfaí taithí bhreise a fháil, scileanna a roinnt, nó ganntanas oibrithe do phoist áirithe a shárú. Baineann sé le ciall agus le gaois anois agus an dífhostaíocht chomh hard sin in Éirinn, go rachfaí ar thóir oibre gan mhoill dár n-óige i mball éigin sa Chomhphobal Eorpach. Gach duine, áfach, a fhaigheann post thar lear, ba chóir go mbeadh sé ina ghriogadh breise againn lenár n-eacnamaíochtaí féin sa bhaile a fhorbairt, in áit a mhalairt. Na himircigh a d'fhág le déanaí ba chóir go bhfanfaidís, mar shampla, ar a liostaí ag údaráis traeneála agus fostaíochta, agus ní inár gcroí amháin.Gach uair a imíonn duine ar imirce in aghaidh a t(h)ola, ba chóir go mbeimis ag tnúth leis an lá a mbeidh ar chumas ár n-eacnamaíochta agus ár sochaí post sásúil a thairiscint dó/di anseo.

31. An nós Domhnach na nImirceach a cheiliúradh gach bliain, sin slí ina ndéanaimid iarracht a choiméad beo inár gcroí gur cuid dínn féin fós iad siúd a d'fhág an tír seo ar thóir oibre. "Ní féidir an t-imirceach a scaradh ón mhuintir lena mbaineann sí nó sé". I gcás gach imircigh, an náisiún ina bhfuil a f(h)réamhacha ". . . ní foláir meas a bheith air mar gur comhluadar daoine é, dlúite le chéile le nasca iomadúla, le teanga, agus go mór mór le cultúr, rud is cúinsí beatha agus forbairt iomlán."[17] Tá sé tábhachtach go nglacfaimis freagracht ar son na n-imirceach sin dár gcuid a bhfuil leathchuma a dhéanamh orthu go sóisialta nó ó thaobh pá. Molaimid na heagrais agus na daoine aonair a dhéanann iarracht ar thacú leo ar ár son go léir.[18] Is é mar atá an scéal gurb é atá san

imirce éigeantach ar thóir oibre ná ". . . oibrí á c(h)ailliúint a bhféadfadh a s(h)aothar aigne agus coirp cabhrú leis an mhaith choiteann ina t(h)ír féin, ach go bhfuil an saothar seo, an chomaoin seo, á bhronnadh ar shochaí agus ar thír eile, ar lú é a gceart chuige ná a t(h)ír dhúchais" (*Laborem Exercens*, §23).

## (iv) *Is Gá Cur Chuige*

32. Deir an Pápa Eoin Pól II faoin dífhostaíocht gur ". . . olc é i ngach cás" (*Laborem Exercens,* §18). Is amhlaidh é mar go gcreimeann sé meas daoine, teaghlach, agus comhluadair na tíre seo go léir orthu féin. Is uafásach an masla é do dhínit an duine, agus d'aontacht agus do naofacht shaol an teaghlaigh in Éirinn inniu. Conas gur féidir linn cur suas leis chomh neafaiseach sin? An cur chuige agus an intinn dhaingean a éilíonn cúinsí na linne níl teacht orthu gan míshásamh díograiseach praiticiúil, gan géilleadh ar aon slí do mhíniúcháin, do dhoicheall, ná do na leith-scéalta a thuigeann an mhuintir dhífhostaithe féin go bhfuil siad gan bhonn, gan dealramh. An sórt seo míshásaimh ní mothú aonuaire é, ná fearg toirtéiseach, ach intinn dhaingean, bhuan, phraiticiúil an t-olc seo a chloí.

33. Is deacair do dhaoine dífhostaithe a thuiscint cad is cúis dáiríre le hiad a bheith gan phost agus is deacra fós dóibh a a míshásamh ina thaobhsan a chuir in iúl le fuaimint. Caithfidh siad ar dtús a bheith san airdeall ar amhras fúthu féin, amhras a gcothaíonn an teip seo ar mhargadh na fostaíochta é, san airdeall ar an strus agus an easláinte a ghinfeadh an díomhaointeas agus na fadhbanna airgid a ghabhann leis, agus san airdeall ar an easpa misnigh i dtaobh na todhchaí, rud a chuirfí orthu leis an éadóchas atá forleathan sa tír faoi phoist a chruthú. San am céanna caithfimid go léir in Éirinn a nglór a chlos. Conas eile a d'fhoghlaimeodh an tsochaí faoin gcreach a dhéanann an dífhostaíocht? Conas a thuigfimis nach bhfuil go minic sna nithe a deirtear faoin mhuintir dhífhostaithe ach míniúchán gan dealramh, nó deasca doichill agus aineolais. Is léir go bhfuil beart tairbheach don tsochaí go léir á dhéanamh acu siúd a bhíonn

ag cabhrú leis an mhuintir dhífhostaithe labhairt os ard d'aonghuth.

34. Is deacair freisin do dhaoine atá fostaithe an míshásamh is dual a bhrath. Tá fadhbanna airgid ag a lán acu seo leis; b'fhéidir ceart go leor nach iasachtaí beaga sa siopa grosaera atá ag cur tinnis orthu, ach riachtanais eile an lae inniu a bhainfeadh lena bpost agus a modh maireachtála, nithe mar costas margáiste tí, nó gluaisteán le coimeád ar an mbóthar. Fágtar caite traochta iad nuair a théann costais riachtanacha i méid de phreib agus go gcuireann sin na pleananna a bhíonn déanta, agus na geallúintí a bhíonn tugtha, i mbaol. Toisc go mbíonn cáin ioncaim ard á dhíol ag a lán daoine, is furasta dóibh géilleadh don ghuth mealltach a deir gurb é is cúis dáiríre lena ndeacrachtaí ná an t-airgead atá a chaitheamh leis an muintir dhífhostaithe (in áit a bhfuil á chaitheamh ag seirbhísiú na bhfiach náisiúnta, ag díol as arduithe pá sa earnáil phoiblí, nó á chailliúint le liúntais chánach). Tá siad dall amach ar ghnáthshaol na muintire atá dífhostaithe go buan. Tá baint aige seo leis an tslí mhí-ámharach ina bhfuil polasaithe tithíochta agus an dífhostaíochta ag dul i bhfeidhm ar a chéile; tá limistéirí inár gcathracha agus inár mbailte mar a bhfuil an pobal ag brath ar fad geall leis ar thithíocht agus ar chóras taistil poiblí agus go gcaitheann siad cur suas le rátaí dífhostaíochta 60 faoin gcéad nó os a chionn, fad tá limistéirí eile nach dtéann an dífhostaíocht thar uimhir na méar, agus a bhfuil seilbh tí agus gluaisteáin ina gcuid dá saol. Tá sé thar a bheith riachtanach go n-éisteodh an mhuintir, nár ghoill an dífhostaíocht riamh orthu féin ná ar a gclann, lena siúracha agus lena mbráithre dífhostaithe. Níl aon duine is fearr a mhúinfidh dúinn a thábhachtaí agus atá post a bheith agat in Éirinn inniu ná iad siúd atá blianta dá cheal.

35. Ní miste focail Eoin Pól II sa Bhrasaíl a thagairt d'Éirinn. Cuireann siad in iúl, creidimid, a bhfuil de dhíth leis an deighilt sa tsochaí a leigheas, leis an mhoráltacht phoiblí agus an cultúr saoránach a neartú, agus le meas ár muintire orthu féin a dhaingniú:

"Cad é mar phian, cad é mar imní agus ainnise a ghineann an dífhostaíocht! Dá bhrí sin is é céad chúram agus cúram bunúsach gach n-aon, rialtóirí, polaiteoirí, cinnirí ceard-chumann, úinéirí monarchan, agus eile, ná é seo: obair a sholáthar do gach duine. Ní luíonn sé le céill ná ní féidir glacadh leis go réiteofar na fadhbannna as a stuaim féin trí eagar eacnamaíoch agus forbairt d'aon sórt nach mbeadh san fhostaíocht iontu ach mar thoradh tánaisteach. Ba chóir go mbeadh sé de mhisneach ag teoiric agus cleachtadh na heacnamaíochta glacadh leis an bhfostaíocht agus a mbaineann leis inniu mar chuspóir lárnach dá gcuid."[19]

## TAGAIRTÍ

1. Féach T. Callan, B. Nolan agus B. J. Whelan, D. F. Hannan le S. Creighton, *Poverty, Income and Welfare in Ireland*, Baile Átha Cliath: The Economic and Social Research Institute, 1989, (General Research Series, Páipéar 146), lgh 101-110, agus Brian Nolan agus Brian Farrell, *Child Poverty in Ireland*, Baile Átha Cliath: Combat Poverty Agency, 1990, §6.3, lgh 57-60; Caibidil 7, lgh 66-74.

2. Jo Murphy-Lawless, *The Adequacy of Income and Family Expenditure*, Baile Átha Cliath: Combat Poverty Agency, 1992.

3. Do thaighdeadh ar an mbochtanas in Éirinn, seachas 1 agus 2 romhainn féach: Northern Ireland Voluntary Trust, *A Qualitative Study of Life in the Dis-advantaged Areas of Belfast*, Béal Feirste: Northern Ireland Voluntary Trust, 1991; Combat Poverty Agency, *Pictures of Poverty: Twelve Accounts of Life on Low Income*, Baile Átha Cliath: Combat Poverty Agency, 1989; Eileen Evason, Les Allamby agus Roberta Woods, *The Deserving and the Undeserving Poor*, Doire: Child Poverty Action Group (Northern Ireland), 1990; Pauline Lee agus Michael Gibney, *Patterns of Food and Nutrient Intake in a Suburb of Dublin with Chronically High Unemployment*, Baile Átha Cliath: Combat Poverty Agency, 1988.

4. Chun tuiscint a fháil ar cén sórt saoil atá ag an duine dífhostaithe in Éirinn inniu, léigh: Tallaght Centre for the Unemployed, *Life on the Dole*, Baile Átha Cliath: Tallaght Centre for the Unemployed, 1991; Northern Ireland Voluntary Trust, op cit, Cuid I, lgh 15-35; Caibidil 1, "A Tale of Two Cities", in Catholic Social Service Conference, Dublin: *Hard Facts, Future Hopes*, Baile Átha Cliath: Catholic Social Service Conference, 1988; Caibidil 1, "The Effects of Unemploy-ment", in The Council for Social Welfare, *Unemployment, Jobs and the 1990s*, op cit; Christopher T. Whelan agus Damian F. Hannan, Seán Creighton, *Unemployment, Poverty and Psychological Distress,* Baile Átha Cliath: The

Economic and Social Research Institute, 1991 (General Research Series, Páipéar Uimh. 150); Caibidlí 5-10 in Eileen Evason, *On the Edge: A Study of Poverty and Long-term Unemployment in Northern Ireland*, London: Child Poverty Action Group, 1985 (Poverty Pamphlet 69).

5. Sonraí ó Innisfree Housing Association, Londain, 1992. Liam Greenslade, "White Skins: White Masks, Psychological Distress Amongst the Irish in Britain", in Patrick O'Sullivan (eag.), *The Irish in the New Communities*, Leicester: Leicester University Press, 1992.

6. Don imirce le déanaí féach: National Economic and Social Council, *The Economic and Social Implications of Emigration*, Baile Átha Cliath: National Economic and Social Council, 1991 (Report Uimh. 90); The Irish Episcopal Commission for Emigrants, *Emigrant Survey 1991/1992*, Baile Átha Cliath: The Irish Episcopal Commission for Emigrants, 1992; The Irish Episcopal Commission for Emigrants and The Catechetical Association of Ireland, *Far Away Hills: Christian Perspectives on Emigration*, A Manual for Teachers and Group Leaders, Baile Átha Cliath: The Irish Episcopal Commission for Emigrants, 1990; Emigrant Advice, *Annual Report 1991*, Baile Átha Cliath: Emigrant Advice; *The Information Needs of Emigrants*, Report of a Seminar Jointly Organised by The Action Group for Irish Youth (London), Emigrant Advice Unit (Béal Feirste), Emigrant Advice (Baile Átha Cliath) and the National Youth Council of Ireland, Baile Átha Cliath, 9 Nollaig 1991; Frank P. Forsythe agus Vani K. Borooah, "The Nature of Migration Between Northern Ireland and Great Britain: A Preliminary Analysis Based on the Labour Force Surveys, 1986-88", *The Economic and Social Review*, Iml. 23, Uimh. 2, Eanáir 1992; Geoffrey Randall, *Over Here: Young Irish Migrants in London*, London: Action Group for Irish Youth, 1991; Maggie Pearson, Moss Madden agus Liam Greenslade, *Generations of an Invisible Minority: The Health and Well-Being of the Irish in Britain*, Liverpool: Institute of Irish Studies, University of Liverpool, 1991 (Occasional Papers in Irish Studies, Uimh. 2); Liam Greenslade, Maggie Pearson agus Moss Madden, *Irish Migrants in Britain: Socio-Economic and Demographic Conditions*, Liverpool: Institute of Irish Studies, University of Liverpool, 1991 (Occasional Papers in Irish Studies, Uimh. 3).

7. Féach Callan et al, op cit, agus Carey Oppenheim, *Poverty: The Facts*, London: Child Poverty Action Group, 1990.

8. Deirtear linn, mar shampla, nuair a bhí an baol go dtitfeadh an meánteaghlach sa Phoblacht i mbochtanas 17.5 faoin gcéad (1987), go raibh an baol 60 faoin gcéad nuair a bhí ceann an teaghlaigh sin dífhostaithe. (Féach Callan et al, Tábla 7.11, lch 104).

9. An Pápa Eoin Pól II, *Laborem Exercens* (On Human Work), 14 Meán Fómhar 1981, London: Catholic Truth Society.

10. Deimhniú ar a mhéid agus a bhaintear mí-úsáid as an gcóras cánach sa Phoblacht is ea an méid a shaothraigh pardún ginearálta na bliana 1988 – £500m. An pardún a tugadh in 1991 dóibh seo a bhí i bhfiacha leis an gCáin Bhreis Chaipitil, shaothraigh sé £13m – £5m a ba ea an sprioc. Nuair a

20

laghdaíodh an tairseach glanta cánach do chonarthaí agus do dheontais Stáit an bhliain chéanna gnóthaíodh £18m de cháin nach raibh íoctha. (Féach Na Coimisinéirí Ioncaim, *Annual Report 1991*, Baile Átha Cliath : Oifig Foilseacháin Rialtais, Iúil 1992.)

11. Mar shampla, An Ostair, An Danmharg, An Ollainn, Críocha Lochlann, An Eilbhéis.

12. Ar na daoine a thagair do laige an chultúir shaoránaigh in Éirinn tá J. J. Lee, in *Politics and Society: Ireland, 1912-1985*, Cambridge: Cambridge University Press, 1989, agus in "Society and Culture" in Frank Little (eag.), *Unequal Achievement: The Irish Experience 1957-1982*, Baile Átha Cliath: Institute of Public Administration, 1982.

Trí staidéar a rinne an ESRI ar thaithí daoine óga ar scoil aimsíodh "leibhéal creathach" íseal spéise acu san oideachas saoránach-pholaitiúil. Dúradh sa staidéar sin: "De réir mar a éiríonn ár sochaí níos casta, agus go mbeidh sé ag éirí níos crua agus níos crua réiteach eacnamaíoch agus polaitiúil a fháil ar ár bhfadhbanna róghéara, is cúis imní é go gcuireann an phríomhinstitiúid a d'fhéadfadh feabhas a chur ar eolas agus ar chumas ár ndaoine óga ina rólanna saoránach agus agus poiblí a laghad sin béime ar an gcuspóir seo." (D. F. Hannan agus S. Shortall, *The Quality of their Education: School Leavers' Views of Educational Objectives and Outcomes*, Baile Átha Cliath: The Economic and Social Research Institute, 1991, General Research Institute, 1991, General Research Series, Páipéar Uimh. 153, lch 6).

13. An Pápa Eoin Pól II, *Centesimus Annus (The Hundredth Anniversary)*, 1 Bealtaine 1991, London: Catholic Truth Society.

14. "Beidh aitheantas iomlán do dhínit na hoibre daonna mar shainchomhartha ar an gcultúr lena bhfuil ár ré-ne ag feitheamh." (An Chomhdháil um Theagasc an Chreidimh, *Libertatis Conscientia (Instruction on Christian Freedom and Liberation)*, 22 March 1986, London: Catholic Truth Society, §82).

15. "Ní féidir glacadh leis gur bua é ag réigiún gurb iad a dhaoine óga an t-earra is mó a asportálann sé, mar is ar na daoine óga seo, ar a scileanna agus a dtallainn, atá rath an réigiúin ag brath ar deireadh thiar" (Belinda Pyke, Ball de chomhaireacht Choiminséir an CE um Pholasaithe Réigiúnacha, Aitheasc do Sheimineár "Developing the West Together", urraithe ag Easpaig Iarthar na hÉireann, An Ghaillimh, 4-5 Samhain 1991, lch 13).

16. Féach na páipéir leis an seimineár "Developing the West Together"; An tEaspag Tomás A. Ó Fionnagáin, "Developing the West Together", *The Furrow*, iml. 43, Uimh. 4, Aibreán 1992; John Healy, *No One Shouted Stop*, Achill: The House of Healy, 1988 (first published as *The Death of an Irish Town*, by Mercier Press, Cork, 1968); John Healy, *Nineteen Acres*, Achill: The House of Healy, 1987 (first published by Kenny's Bookshop, Galway, 1978).

17. "Migration and the Unity of the Human Family", Teachtaireacht an Phápa do Lá Imirce an Domhain (eisíodh 10 Meán Fómhair 1991) *Catholic International* Iml. 2, Uimh. 19, 1-14 Samhain 1991, lch 904.

21

18. Mar shampla, Coimisiún Easpag na hÉireann um Imircigh; An Coimisiún Éireannach um Phríosúnaigh thar Lear; Comhairle do Imircigh; na séiplínigh iomadúla atá ag obair thar lear agus na Láithreacha Éireannacha ina lán tíortha. 19. Eoin Pól II, Aitheasc d'Oibrithe i Saò Paulo, 3 Iúil 1980. (Féach "Collaborators of God in the Work of Creation", *L'Osservatore Romano*, eagrán seachtainiúil, 21 Iúil 1980, lch 5).

# CUID A DÓ

## *An Teagasc: Cumaoin Theagasc Sóisialta na hEaglaise*

36. Agus aghaidh á thabhairt ar na ceisteanna achrannacha a bhaineann le cad is indéanta ó thaobh eacnamaíochta agus polaitíochta de, má táimid le leibhéal na dífhostaíochta in Éirinn inniu a ísliú, tuigimid, mar Easpaig, nach bhfuil aon saineolas ar leith againn i gcúrsaí gnó ná eacnamaíochta. Ach tá an-fhonn orainn an chabhair is dual uainn a thabhairt.

37. Labhraímid mar thréadaithe d'Eaglais ar cuireadh, faoi dheonú Dé, teachtaireacht iontach faoi mhórgacht an duine ann féin, agus an iarracht a bhaineann leis sin ina cúram. Is é mian ár gcroí go mbeadh an teachtaireacht seo a roinn Dia ar an gcine daonna go léir trína Mhac Íosa Críost ina Shoiscéal dáiríre agus ina teachtaireacht fuascailte ag cách sa tír seo atá á gciapadh ag dífhostaíocht ard bhuan.

38. Le himeacht na n-aoiseanna, agus go háirithe ó thosach na réabhlóide tionscalaí tá teagasc sóisialta a bhfuil an dearcadh ceart ar luach ar leith gach duine daonna mar phrionsabal treorach aige, á fhorbairt ag an Eaglais seo againne (*Centesimus Annus* §11). Nuair atáimid ag iarraidh fírinní an tsoiscéil a thagairt don tsochaí chasta thionscalaíoch, agus don eacnamaíocht dhomhanda inniu, táimid ag tógáil ar thraidisiún fada. Leis an litir seo táimid ag iarraidh a thuilleadh Éireannach a spreagadh chun eolas breise a chur ar an teagasc sin agus a fháil amach uathu féin conas é a chur i bhfeidhm ar chúinsí ár n-eacnamaíochta inniu.[1] Idir an dá linn tá roinnt treoirlínte is prionsabal bunúsach ann arb é ár ndualgas é mar mhúinteoirí an chreidimh Chaitlicigh iad a fhógairt go soiléir.

39. Is í an chabhair dá bhrí sin atá á tabhairt againn go prionsapálta do réiteach faidhbe na dífhostaíochta ná cúnamh a thabhairt

ag soiléiriú agus ag tacú le *cuspóir daonna* agus le *fráma riachtanach eitice* do bheartaíocht eacnamaíoch in Éirinn inniu. Ní mór a lán den díospóireacht faoin dífhostaíocht a bheith gafa le cad tá indéanta i gcúinsí polaitíochta agus eacnamaíochta mar atáid. Tá luacha níos doimhne, áfach, inár gcultúr sa tír seo a d'fhéadfadh dul i bhfeidhm ar cad is indéanta ó thaobh polasaí; tá baint mhór ag a neart nó a laige siúd lena chinntiú cad a ghnóthódh nó a chaillfeadh toghachán, cad a ghinfeadh nó nach nginfeadh cur i gcoinne tréan eacnamaíoch (leithéid seachaint cánach, onnmhairiú caipitil, aighneas tionscalaíoch etc.). Tá luacha bunúsacha áirithe a fheicimid atá lag faoi láthair agus ag cur lena a dhoréitithe is atá fadhb na dífhostaíochta; teastaíonn uainn cabhair éigin a thabhairt ag neartú na luach sin. Táimid ag tnúth leis dá bhrí sin go gcabhróidh an Tréadlitir chun breis scóip a thabhairt do na féidireachtaí polaitiúla agus, dá réir sin, do na polasaithe eacnamaíochta inmheánacha.

### (i) *Dínit na Pearsan Daonna*

40. Is é an chéad luach bunúsach is mian linn a soiléiriú ná fiúntas dochuimsithe gach pearsan daonna;[2] tá a fhios againn go réitíonn gach Éireannach nach mór linn ina thaobh seo cé, foríor, go gcruthaíonn an foréigean gan stad i dTuaisceart na hÉireann go bhfuil eisceachtaí ann. Moladh le Dia go bhfuil fianaise á tabhairt ag Caitlicigh, agus ag a lán nach iad, ar fud an domhain ar shlite iomadúla ar dhínit na pearsan daonna.[3] Ní go himeallach ach go dlúth a bhaineann sé seo le fianaise a thabhairt ar an soiscéal.

41. Is minic ár n-imní faoi dhínit an duine dár spreagadh chun ár ngráin ar mharú polaitiúil agus ar ghinmhilleadh a fhógairt os ard. Sa Tréadlitir seo teastaíonn uainn a fhógairt go soiléir go bhféachaimid ar dhífhostaíocht mar dhiúltú do dhínit na pearsan daonna, a rinneadh ar dheilbh Dé. Deirimid arís le barr bróin mar thréadairí sa tír seo gur "olc í an dífhostaíocht i ngach cás" (*Laborem Exercens* §18).

42. Arís agus arís eile sna Soiscéil cuireann Íosa a mhíshásamh in iúl le haon ní a dhéanann cúngracht agus crapadh ar shaol

24

daoine.[4] Sa tslí chéanna cuireann fiúntas agus dínit an duine "iontas mór" ar lucht leanúna Íosa inniu (*Redemptor Hominis* §10);[5] glacann siad leis go bhfuil, ar deireadh thiar, fáil isteach sna Flaithis ag brath ar cé chomh maith nó cé chomh holc is a phléann siad le daoine eile ar an saol seo (Mth 25:31 et seqq.).

43. Tá bonn creidimh ag an iontas seo faoin bheatha dhaonna i gcás Caitliceach agus Críostaithe i gcoitinne. Inár súile-ne tá gach duine daonna déanta ar dheilbh Dé agus tá a fhios againn gurb é an duine daonna ". . . an t-aon chréatúir ar talamh ar thoil le Dia é a dhéanamh ar a shon féin" (*Gaudium et Spes* §24).[6] Ní i gcás chruthú an chéad Ádhaimh amháin é, ach i gcás gach duine ar leith, tá a fhios againn gurb é gníomh cruthaíoch Dé féin is bonn doscriosta ag duine daonna nua (Gein 2:7). Is cuireadh chun urraime gach duine daonna mar nuair a bhímid ina láthair bímid i láthair dheilbh Dé féin.

44. Tháinig údair téacsanna an Bhíobla ar an tuiscint dhomhain seo faoi luí an Spioraid Naoimh, cé gur shamhlaigh an duine an-suarach seachas fórsaí agus ollmhéid na cruinne cé. Iarrtar orainn inniu fianaise a thabhairt ar an tuiscint chreidimh chéanna nuair atá líon ollmhór na ndaoine ar talamh agus cumhachtaí éachtacha eolaíochta, teicneolaíochta, agus eacnamaíochta i lámha an bheagáin ag bagairt an t-aonarán a chur as an áireamh.

45. An urraim seo don phearsa dhaonna, sin é is bonn le rogha tosaigh an Chríostaí ar son na mbocht. Le linn Íosa féin agus as sin anuas i measc sochaithe glúin ar ghlúin de Chríostaithe go dtí ár lá féin, tá dínit dhaonna na mbocht á maslú agus á truailliú ag na coinníollacha maireachtála a bhrúnn an bochtanas orthu. Is cuid riachtanach é den fhianaise Chríostaí i ngach sochaí an mhuintir a bhrúigh an bhochtaine amach ar an imeall a lorg agus caidreamh bráthar is siúrach a dhéanamh leo. Is iomaí slí, moladh le Dia, a bhfuil an fhianaise sin á tabhairt in Éirinn inniu, mar is eol dúinn. Tá a lán daoine aonair agus eagras atá an-bhraiteach faoin ngá atá le bráithreachas i measc na mbocht agus leis na boicht.

46. Tuiscint úd an Bhíobla gurb é an duine daonna amháin de dhúile Dé a rinneadh "ar dheilbh Dé" (Gein 1:27), chuaigh sé go croí i ngach glúin de chreidmhigh. Is léir, mar shampla, don Chríostaí nach pearsa aonarach é an Dia a ndearnadh sinn ar a dheilbh, ach clann ar leith arb iad a gcaidreamh le chéile agus a mbronnadh ar a chéile is bonn faoi shubstaint agus pátrún gach fíorbheatha daonna. Ní oileán aon duine dá réir sin; tá glaoite ar gach n-aon chun dlúthmhuintearais agus chun caidrimh de gach sórt le daoine eile.

## (ii) *Dínit na hOibre Daonna*

47. Ba mhaith linn béim a leagan sa Tréadlitir seo ar ghné eile de thuiscint na hEaglaise ar an téacs seo sa Bhíobla. An Dia a bhfuilimid déanta ar a dheilbh, léirítear é mar *Dhia atá ag obair*. Inseann an scéal álainn sa Bhíobla conas mar a chruthaigh Dia an chruinne lena shaothar sé lá agus ansin mar a thug sé stíobhardacht agus freagracht iomlán don chine daonna ar son an domhain go léir (Gein 1: 26-28) agus thug cuireadh dó dul i gcomhar oibre leis féin in óige na cruinne (Gein 2:19). Déanann an Spiorad Naomh sa scéal seo ó pheann na n-údar Bíobalta, rud a nochtadh dúinn, rud a dhearbhaíonn ár dtaithí dhaonna, is é sin, gur "toise bhunúsach" de bheatha an duine ar talamh í an obair (*Laborem Exercens* §4).

48. Is é an dara luach bunúsach ar mian linn aird cách a dhíriú air dá bhrí sin ná luach na hoibre daonna. Sa chiall Chríostaí de, is é atá in obair dhaonna ná gach aon ghníomhaíocht atá ag cothú an duine féin mar phearsa dhaonna agus san am céanna ag cur cumaoin ar dhaoine eile, agus ar an tsochaí mós leathan lena mbaineann sé/sí chomh maith. Tá machnamh fada grinn ar an obair tugtha ag an an bPápa Eoin Pól II dúinn in *Laborem Exercens*. Taispeánann sé ansin gur "gairm uilíoch" an obair (§9), agus go ndéanann duine, ní hé amháin malairt chló a chur ar an nádúr, ach go n-éiríonn leis/léi é/í féin a chomhlíonadh mar dhuine daonna agus ". . . ar shlí déanann duine níos fearr de/di

26

tríthi" (§9). Leanann sé air á rá "go gcaitheann daoine oibriú" mar go n-éilíonn a ndaonnacht féin go ndéanfaidís amhlaidh lena cothú agus a forbairt. Ní mór dóibh oibriú ar mhaithe le daoine agus go háirithe ar mhaithe lena gclann féin, agus leis an tsochaí lena baineann siad, ar mhaithe leis an tír dár saoránaigh iad, agus ar mhaithe leis an teaghlach daonna go léir dár baill iad. "Sin é go léir an dualgas morálta obair a dhéanamh" (§16).[7]

49. Tá sé tábhachtach ar uairibh idirdhealú a dhéanamh idir "obair" agus "post". Is é is cúis leis sin ná nach bhfuil an obair dhaonna go léir eagraithe i bhfoirm post, mar shampla, gnó tí, cúram na ngaolta atá easlán nó aosta, staidéar, nó dualgais lucht na beatha rialta. Ansin arís ní hé gach post a chomhlíonann na coinníollacha a éilíonn an obair dhaonna, mar shampla, nuair a dhéanann pá íseal nó coinníollacha leatromacha an t-oibrí a mhaslú agus a ghortú; nó nuair is ionsaí ar dhínit daoine eile an post ann féin (e.g. scannánaíocht phornagrafach, céasadh duine eile, déanamh arm ceimiceach). Teastaíonn uainn, mar sin féin, a fhógairt go soiléir, sa lá atá inniu ann, anseo in Éirinn, gurb é, dar linne, a chiallaíonn an dualgas bunúsach aird a thabhairt ar riachtanas agus ar cheart gach duine chun oibre go gcaithfear breis post a sholáthar mar mhéan riachtanach chuige sin. Níl aon argóint áititheach cloiste againn, ná aon fhianaise feicthe againn, go bhfuil malairt slí ann seachas cruthú post chun urraim a thabhairt don ghairm chun oibre, agus do dhínit dhaonna an líon mór dár muintir atá dífhostaithe.

50. Ní foláir nó go mbíonn an tsochaí suaite buartha nuair a mhachnaíonn sí ar an gceangal "fonascúil, beo" (*Libertatis Conscientia* §83)[8] atá idir an obair agus dínit na pearsan daonna. De réir na tuisceana Críostaí ar an duine is *cuid dár ndaonnacht* an fonn oibre agus an gá le hobair. Is slí ag duine chun é/í féin a chur in iúl go bunúsach í an obair, agus gan í fanann daonnacht an duine gan forbairt ach i bpáirt. Fágann sin leis go n-éilíonn gach obair dhaonna meas agus aird, mar is ionann beagmheas ar obair dhuine agus beagmheas ar an duine féin.

51. Creidimid go bhfuil a lán daoine sa tír seo ag tabhairt fianaise ar dhínit na hoibre daonna go humhal, agus, ar uairibh, go laochga, d'ainneoin brú ina choinne sin.

* Tarlaíonn sé seo nuair a dhiúltaíonn daoine cromadh faoi na caighdeáin táire a nglacann daoine eile ina gcomhlacht nó ina gceardchumann leo, ach go seasann siad an fód leo féin agus go mbíonn an ceart, an dílse, an dícheall, an meas ar dhaoine eile mar shainchomharthaí ar a saothar pearsanta.

* Tarlaíonn sé nuair a throideann daoine ar son feabhas a dhul ar phá agus ar son coinníollacha níos fearr a bhaint amach i bpoist áirithe, cuid díobh a bhaineann le scéimeanna faoi leith sa mhargadh saothair. Bíonn siad ag éileamh go sásódh "poist" mar seo riachtanais na hoibre daonna.

* Tarlaíonn sé nuair a éilíonn daoine go rachadh tuarastal le hobair a dhéanfadh daoine dífhostaithe go deonach nó atá ar siúl acu cheana féin (oiliúint na hóige sa spórt, scéimeanna forbairt pobail etc.). Éilíonn siad go gcuirfí maoin ar fáil le hobair atá de dhíth ar an tsochaí a dhéanamh i dtreo go bhféadfaí an obair seo a eagrú ina poist chearta.

* Tarlaíonn sé nuair a bhíonn meas ag daoine ar a bhfuil ar siúl ag daoine eile cé go bhfuil sé gan pá gan tuarastal, agus nach dócha go mbeidh a leithéid ag gabháil leis go deo – obair sa bhaile, staidéar, a lán d'obair lucht na beatha rialta etc.

* Tarlaíonn sé nuair a chuireann daoine in aghaidh difríochtaí móra i rátaí pá, mar go bhfuil a fhios acu má tá duine ag scuabadh an phasáiste agus duine eile ag margáil sna milliúin ar an teileafón, cé nach ionann an fhreagracht ná an chinniúint, go bhfuil duine daonna i ngach cás ag baint feidhm as a b(h)uanna ag freagairt gairm Dé chun an domhan a dhéanamh níos fearr d'áit fós dá chlann go léir.

Sna cásanna go léir den sórt sin déanaimid gairdeas agus beirimid buíochas mar go bhfuil Spiorad Íosa i láthair, Íosa a dúirt: "Tá m'Athair ag obair anois agus riamh, agus táimse ag obair chomh maith" (Eoin 5:17).

52. An dearcadh seo ar an obair, an freagra seo ar an gceist "cén fáth oibriú?", is mór agus is uasal an dúshlán é fúthu siúd go léir

atá páirteach in oiliúint na n-óg do shaol an aosaigh. Tuigfidh tuismitheoirí, múinteoirí, teagascóirí agus léachtóirí go maith a thábhachtaí atá sé a thabhairt le tuiscint do dhaoine óga go bhfuil cúnamh le tabhairt acu, cibé cúnamh é, agus go bhfuil gá leis agus meas air, agus gur fiú dóibh iad féin a oiliúint chun a thabhartha. Is minic cloiste againn, agus is maith a thuigimid ciapadh agus crá croí na hóige mar go mbíonn an oiread sin díobh ag fágáil an oideachais fhoirmiúil agus tuiscint acu níos mó ar a bhfuil de dhíth orthu ná a bhfuil acu, agus gurb é a chloiseann siad á rá ag sochaí na hÉireann ná "níl aon áit ann duit" mar nach mbíonn á thairiscint dóibh ach dífhostaíocht, post gan chrích, nó an imirce.

53. Caithfear ár n-urraim do dhínit na hoibre daonna a chur in iúl sna dualgais agus na rialacha *coiteanna* a ghlacaimid orainn féin sa tsochaí agus ní inár dtuairimí agus inár n-iompar pearsanta amháin. Díríonn teagasc sóisialta na hEaglaise ár n-aird ar thátail thábhachtacha ón tuiscint seo ar an obair, tátail a bhaineann le réimsí eile dár sochaí; téann sé i bhfeidhm go smior ar an tslí a ndéanaimid iarracht ar an mbochtanas a chloí agus ar an tslí a ndéanaimid iarracht ar sheilbh ar mhaoin táirgiúil a riar.

*Obair agus Bochtanas*

54. Tuigeann an Eaglais go maith go háirithe ó eisíodh *Rerum Novarum*, imlitir mhór an Phápa Leo XIII *Ar Staid an Lucht Oibre* (1891), an dlúthcheangal idir obair agus bochtanas. Nuair a bhíonn luach íseal ar chumas oibre daoine, bláthaíonn an bochtanas agus leathann sé amach i measc daoine eile. Rinne an Pápa Leo an Eaglais a thíolacadh do chosaint an lucht oibre agus a gcirt, gach am is áit, chun tuarastail chóir. Chuaigh sé in aghaidh thuairimíocht eacnamaíoch a linne agus thaispeáin go raibh éagothromaíocht chumhachta chomh mór sin idir oibrithe agus fostóirí, nuair a d'aontaigh oibrí ar thuarastal nár fhág sin an tuarastal cóir dá bharrsan: d'ordaigh "... éileamh den cheartas nádúrtha níos airde agus níos túisce ná aon mhargadh deonach ..." go mba thuarastal é a chothódh an t-oibrí (*Rerum Novarum* §34).[9]

55. Maireann an smaoineamh sin buan, agus é dá shíorfhorbairt, go dtí an lá inniu. Feiceann an Eaglais fós gur toradh é a lán den bhochtanas ar dhínit na hoibre daonna bheith á sárú, "... toisc gur beag caoi oibre daonna atá ar fáil de bharr sciúirse na dífhostaíochta nó de bharr luach íseal a bheith á chur ar an obair agus ar na cearta a ghabhann léi, go háirithe an ceart chun tuarastail chóir, agus socracht phearsanta an oibrí agus a c(h)lainne" (*Laborem Exercens* §8).[10] Is simplí agus is soiléir é éileamh an cheartais "... in gach cás tuarastal cóir an teist sofheicthe le ceartas an chórais shocheacnamaígh go léir a chinntiú ..." (*Laborem Exercens* §19).

56. Ó thaobh theagasc sóisialta na hEaglaise de, ba chóir gurb í an fhostaíocht an chéad chosaint in aghaidh an bhochtanais. Nuair a theipeann ar an tsochaí ar chúis nó a chéile fostaíocht a sholáthar ní foláir prionsabal bunúsach de theagasc sóisialta na hEaglaise a leanúint, é sin a deir linn gur "thug Dia an domhan don chine daonna fad, lena bhaill uile a chothú gan fabhar ná leatrom ar aon duine" (*Centesimus Annus* §31). Tugann teagasc sóisialta na hEaglaise "sprioc uilíoch mhaoin na cruinne" ar an bprionsabal seo. Dá bhrí sin, tá ceart ag an duine dífhostaithe chun ioncam a chuirfidh ar a chumas maireachtáil le dínit, agus chun an t-ioncam sin a fháil go béasach tuisceanach. Fostaíocht le tuarastal cóir, áfach, an norm ar a ndíríonn teagasc sóisialta na hEaglaise sinn:

"... Ní mór, thar aon ní eile, deireadh a chur leis an dear-cadh a fhéachann ar na boicht, ina ndaoine aonair nó ina gcomhluadair, mar ualach, mar bhradaithe ciapacha a bhíonn ag iarraidh táirgí daoine eile a chaitheamh. Lorgann na boicht an ceart bheith páirteach ag baint sásaimh as maoin an tsaoil, agus *go mbainfí feidhm as a gcumas oibre*, agus sa tslí sin domhan níos córa agus ní saibhre a chinntiú do chách" (*Centesimus Annus* §28; linne an bhéim).

57. Chualamar arís agus arís eile faoi fhonn dhaoine bochta go mbeadh sé de dhínit acu a mbeatha a thuilleamh, seachas saol níos fearr de bharr breis maoine a bheith acu. Teastaíonn uathu a

bheith *páirteach* ag cur feabhas ar a gcaighdeán maireachtála agus ag tógáil tíre níos fearr. Fágann sin é ina thraigéid bhreise nuair a chaitheann duine dífhostaithe diúltú do thairiscint oibre mar go bhfuil, sin uile, an pá ró-íseal, agus/nó go dtógtar chun siúil chomh luath sin an chosaint shóisialta (mar shampla cúram poiblí sláinte, cabhair le cíos an tí) go dtitfeadh a c(h)aighdeán maireachtála go tubaisteach.[11] Is é an tarcaisne i gceann na héagóra é an gá seo ag daoine dífhostaithe a gcaighdeáin mhíshocra maireachtála a chosaint a léamh mar "rith ón obair", nó a rá gur "airgead in aisce" atá á lorg acu. Na nithe sin a chreimeann fonn oibre de bharr mar a imríonn leas sóisialta, cánacha, agus pá íseal, ar a chéile, ní mór féachaint chucu, ach caithfidh nach bhfágfaidh aon bheart ar a gcinnfear cás na ndífhostaithe níos measa fós ná mar atá sé.

## Obair agus Seilbh

58. Ina teagasc sóisialta chuir an Eaglais san áireamh freisin cearta agus freagracht seilbhe, agus an chothromaíocht is gá a choimeád idir urraim do bheartaíocht eacnamaíoch an duine aonair agus urraim do cheart gach n-aon chun oibre.

59. Tá sí tagtha ar an tuiscint shoiléir go ngabhann ". . . morgáiste sóisialta le sealbhas . . . le go gcomhlíonfadh maoin an cuspóir ginearálta a cheap Dia di".[12] Tuigeann an Eaglais freisin, i sochaí thionsalaíoch an lae inniu, go bhfuil ar bhealach tábhachtach, saineolas daoine, teicneolaíocht agus scileanna le háireamh ar an maoin a bhfuil freagracht shóisialta ag gabháil léi. Bhí tráth ann nuair gurbh é an talamh an eilimint ba thábhachtaí sa táirgeadh; níos déanaí tháinig caipiteal in áit sin. Is é an rud is tábhachtaí de réir a chéile anois ná éirim an duine, is é sin ". . . eolas daonna, eolas eolaíoch go mór mór, éirim (an duine) chun dlútheagair choibhneasta, agus an cumas riachtanais daoine eile a thabhairt faoi deara agus iad a shásamh" (*Centesimus Annus* §32). In Éirinn inniu tá dualgas morálta ar shealbhas go forleathan cabhair a thabhairt ag cruthú post. Múineann an Eaglais go soiléir, mar shampla, ina teagasc sóisialta gurb é "an t-aon teideal dleathach"

atá chun seilbhe ar na meáin táirgthe ná ". . . go *bhfónfaidís don lucht oibre* . . ." (*Laborem Exercens* §14); go ndéanann seilbh den sórt sin ". . . í féin a dhlistiniú trí chaoi oibre agus forbairt dhaonna a sholáthar do chách nuair is cuí agus mar is cuí." (*Centesimus Annus* §14).[13].

60. Is furasta a aithint go bhfuil an dearcadh seo ar shealbhas ar iarraidh ina lán gnéithe de shaol na hÉireann. Fad a bhí daoine a raibh cíocras orthu chun poist le dealramh ag leá leo dáiríribh, bhí láithreacha tógála cathrach fágtha díomhaoin ar feadh tréimhsí fada agus a n-úinéirí ag faire ar a luach caipitil ag dul i méid; bhí airgead mór á ionramháil ar na margaí in ainm comhlachtaí a bhfuil malairt gnótha ar fad ar siúl acu; tá daoine le scileanna agus saineolas áirithe gnó éirithe saibhir trí bheartaíocht nár chothaigh aon phoist nua geall leis; cuireadh deireadh le comhlachtaí agus cailleadh poist mar gurbh fhearr le húinéirí na maoine í a lachtú agus greim a fháil ar an airgead ná cur chun saothair agus a maoin a fhorbairt ar mhaithe leis an mhaith choiteann; tá suimeanna airgid ina luí sa bhaile nó thar lear agus brabús beag buan gan bhaol á fháil orthu, fad tá gnóthaí beaga nó mós mór, a mbeadh an-tairbhe shóisialta ag teacht as a bhforbairt, ag dreo nó ag teip cheal caipitil.

(iii) *Forbairt Iomlán Dhaonna*

61. An traidisiún céanna Críostaí atá ar chúl na ráiteas seo ar dhínit na hoibre daonna agus ar fhreagrachtaí sealbhais, is é a thugann sé ar an bpróiséas mós leathan staire ina mbíonn a fheidhm chuí ag cumas oibre gach duine, agus ag maoin gach úinéara, ná "forbairt iomlán dhaonna". Tá an fhorbairt seo ". . . mar dhualgas ar gach fear agus bean, chomh maith le gach sochaí agus náisiún . . . éilítear í ar chách ar son cách . . ." (*Solicitudo Rei Socialis* §32).[14] Níor chóir d'aon duine, d'aon Chríostaí go háirithe, gan a p(h)áirt a ghlacadh san iarracht phearsanta agus san iarracht chomhair cúinsí na beatha daonna a fheabhsú agus na deacrachtaí a bhíonn de shíor ag gobadh aníos sa tslí a shárú (*Solicitudo Rei Socialis* §31). Is é an tríú luach is mian linn béim a leagan air dá bhrí sin ná forbairt iomlán dhaonna.

62. Rinne Dara Comhairle na Vatacáine machnamh ar chiall dhiamhair na cumhachta a fuair an cine daonna trína máistríocht san eolaíocht, sa teicneolaíocht, agus sa táirgíocht. Thaispeáin *Gaudium et Spes*, a *Bunreacht Treádach ar an Eaglais i Saol an Lae Inniu*, go soiléir go dtéann gníomhaíocht eacnamaíoch, dála gach gníomhaíochta daonna, chun tairbhe don chine daonna, agus nach mbíonn sé díobhálach dóibh ar deireadh thiar ar choinníoll go gcuirtear i gcrích é laistigh de theorainn na moráltachta (§64). Nuair a thugann sé aird ar an teorainn sin is féidir leis "na heilimintí go léir a chuireann an fhorbairt chun cinn" – leithéid "dul chun cinn teicniúil . . . spiorad an fhiontair, fonn gnó a chruthú agus a fhorbairt, fáilte roimh mhodhanna nua táirgíochta, dícheall na foirne táirgthe go léir" – i gcomhar le chéile "obair an Chruthaitheora a nochtadh . . . agus lámh chúnta a thabhairt ag cur plean Dé i gcrích i réim na staire" (§64, §34).

63. Sinn go léir, toisc na háite ina mairimid agus an ama ina mairimid, tá glaoite orainn ár bpáirt ar leith a ghlacadh i bhfhiontar mór comhair an lae inniu, is é sin, "forbairt bharántúil, forbairt arb é atá inti do gach duine ná dul ó chúinsí nach bhfuil chomh daonna go cúinsí a bheadh níos daonna" (*Populorum Progressio* §20).[15]

64. Dá dhiongbháilte a d'iarr teagasc sóisialta na hEaglaise ar dhaoine a bheith páirteach san fhiontar socheacnamaíoch seo is ea is daingne a chuir sí roimpi na teorainneacha morálta atá le haithint agus le coimeád ag gníomhaíocht eacnamaíoch, a shoiléiriú agus a fháil amach cad iad go díreach na cúinsí a bheadh "níos daonna". Tá sé á éileamh aige, mar shampla, go gcaithfidh forbairt eacnamaíoch aird a thabhairt ar chearta daonna agus iad a chur chun cinn, mar an gcéanna le braithstintí creidimh gach pobail agus le hiomláine agus ilghnéitheacht na ndúl.[16] In Éirinn inniu ciallaíonn "cúinsí níos daonna" dá lán daoine post a bheith acu sa chéad áit.

65. A bhfuil ráite againn cheana[17] faoin dlúthcheangal idir obair agus saol barántúil daonna, léiríonn sé go gciallaíonn saol níos

fearr, i gcás an duine aonair, *obair níos fearr* agus nach féidir é
a bhaint amach má stadann an obair nó más obair í atá ina masla
do dhínit an duine. Dá réir sin ciallaíonn forbairt iomlán an duine
ó thaobh pobail agus sochaí go mbeadh oiread *páirtíochta* agus
is féidir ag daoine sa saol eacnamaíoch.[18] Ní dhéanann fás eacnam-
aíoch a thomhas ach an ghníomhaíocht eacnamaíoch amháin.
Caithfear sin leis a thomhas ar an gcaighdeán moráltachta cad tá
go maith do dhaoine aonair agus don tsochaí ina iomláine. Má
fhágann an fás féin, mar shampla, daoine gan fostaíocht ar bhonn
leanúnach, ní seirbhíseach é a thuilleadh, ach tíoránach:

"An dualgas arán a thuilleamh le hallas an éadain, gabhann an
ceart chuige sin leis chomh maith. Sochaí ina séantar é sin go
rialta, sochaí nach gceadaíonn a polasaithe eacnamaíochta
d'oibrithe leibhéal sásúil fostaíochta a shroicheadh, ní féidir
í a chosaint ó thaobh na moráltachta de ná ní féidir dá
leithéid de shochaí síocháin shóisialta a bhaint amach"
(*Centesimus Annus* §43).

66. Ní dhéanfaidh glaoch ar a thuilleadh beartaíochta stáit, nó
saghsanna eile beartaíochta dá chuid, an dualgas a thuilleadh post
a chruthú a chomhlíonadh. Tá tábhacht le ladar an stáit,[19] ach leis
féin, ní féidir don stát práinn na bpost faoi láthair a réiteach. Is
géire go mór ná sin an fhadhb. Fág gur fíor é go bhfuil ag teip ar
Éirinn sa triail eitice maidir le forbairt iomlán dhaonna go mór
mór toisc na dífhostaíochta, is é is cúis leis sin cuid mhaith ná go
bhfuilimid sa tír seo ag cromadh ar theacht faoi réim ghalair
choitinn mhorálta atá á fhulaingt ag sochaithe tionscalaíocha eile
an Iarthair. De bharr an ghalair seo tá sé ag éirí níos deacra in
aghaidh an lae acu go léir gníomhaíocht eacnamaíoch a chur ar
mhalairt treo, rud a éilíonn maith iomlán a muintire.

67. Is é fréamh na faidhbe ná an tslí go bhfaigheann an rath maidir
le fás eacnamaíoch greim orthu siúd a bhfuil a thairbhe blaiste
acu.[20] Ba chóir go gciallódh fás suas in aon sochaí go
bhfoglaimeodh duine óna lán foinsí (clann, creideamh, scoil,
gluaiseachtaí, cumainn etc) cad is brí le bheith i do dhuine daonna

agus i do bhall de do phobal ag an bpointe ama áirithe sin sa stair. An tuiscint a fhaigheann tú tríd an gcultúr ar cé hé tú féin, céru díobh thú, agus cé mar atá stair do phobail á nochtadh féin, – é sin amháin a bhronnann a áit cheart féin agus a bhrí cheart féin ar ghníomhaíocht eacnamaíoch. Is téama buan é sa teagasc sóisialta Caitliceach gur gnéithe eile den chultúr seachas gnéithe eacnamaíochta is tábhachtaí agus gurab é feidhm na toise eacnamaíochta ná bheith *ina meán* i dtreo spriocanna níos leithne. A mhalairt, foríor, atá fíor de réir dealraimh san Iarthar. Gníomhaíocht eacnamaíoch a bhíonn mós a mhó mar sprioc ag daoine agus ag an tsochaí. Sin iomrall gan chiall maidir le cad is beatha iomlán dhaonna ann.

68. Ní mór é a rá arís agus arís eile gur mó í an tsochaí ná an eacnamaíocht. Is féidir leis an tuile gréithre agus seirbhísí atá curtha ar an margadh ag conách éachtach na heolaíochta agus na teicneolaíochta speabhraídí a chur ar dhaoine. Tugtar le tuiscint gurb é amháin is ciall le "caighdeán maireachtála" níos fearr ná cumas caite breise a bheith ar fáil, sin uile. Ach, faoi mar a léiríonn an coincheap "forbairt iomlán dhaonna", tá feabhas na beatha daonna ag brath go mór ar nithe nach féidir leis an margadh a sholáthar, ach gur féidir leis, mo léan, a chreimeadh go mór, thar atá, caidreamh clainne agus comhluadair, síocháin shóisialta, timpeallacht ghlan, buanna cultúrtha agus spioradálta agus – rud atá fíorthábhachtach i gcás na hÉireann – caoi chun oibre.[21]

69. Nochtar bochtaine cultúir a dhéanann feidhm bhunúsach na sochaí den fhás eacnamaíoch in ionad an fás sin a chur faoi réir rangú eile luachanna, go mór mór nuair a shéanann sé go bhfuil aon luach san obair inti féin. Nuair a roghnaíonn daoine cad a dhéanfaidh siad, agus nuair a thomhaiseann siad a ndéanann siad, ar bhonn an méid airgid a ghnóthaíonn sé amháin, ansin bíonn a ndaonnacht féin á aithisiú acu, agus bíonn siad ag cur le táiriú obair an duine. I gcás slí bheatha ar shlí bheatha inniu, tá daoine chomh tógtha sin le hairgead agus le héifeachtacht i gciall an-chúng, go bhfuil an baol ann go scriosfar an cúram pearsanta agus an caidreamh pearsanta a ba cheart a bheith go smior san obair.

70. Is é ár gnó mar Easpaig a chinntiú go dtabharfadh an creideamh Críostaí dúshlán "earráid seo an eacnamaíochtais", an dearcadh a fhéachann ar an obair dhaonna "de réir a aidhm eacnamaíoch amháin" (*Laborem Exercens* §13):

> "Má dhéantar dia beag den saol eacnamaíoch, más é táirgeadh agus caitheamh earraí a bheidh mar chroílár ag an saol sóisialta, agus a bheidh mar aon luach ag an tsochaí . . . ná cuirtear an milleán ar an gcóras eacnamaíochta féin ach air go bhfuil an córas soch-chultúrtha go léir dulta i laige de bhrí go bhfuil faillí déanta sa toisc eitice agus creidimh . . ." (*Centesimus Annus* §39).

71. Mura nglacann an tsochaí agus an cultúr leis an iliomad fianaise sóisialta ar an gcíocras chun Dé atá i gcroí an duine, agus fáiltiú rompu, rachaidh siad i mbochtaine. Tharla sin sna tíortha a bhí tráth Cumannach (*Centesimus Annus* §24), ach is ceist lárnach í don Iarthar chomh maith anois. Cultúr a thugann a chúl le creideamh, teipfidh ar a chumas agus ar a fhonn sprioc dhaonna a thabhairt don fhás eacnamaíoch, don dul chun cinn teicneolaíoch, don fhiontar gnó, agus d'fhórsaí an mhargaidh.

*Smacht ar na Fórsaí Margaidh*

72. Slí thábhachtach ina dtaispeántar gur treise an cultúr ná an eacnamaíocht is ea go mbíonn an tsochaí sásta fórsaí an mhargaidh a rialú le freagracht. Nochtann teagasc sóisialta na hEaglaise go soiléir nach é rogha an dá dhíogha amháin atá againn idir an eacnamaíocht smachtaithe a bhí chomh do-iompair sin in Oirthear na hEorpa, agus géilleadh ar ár nglúine don mhargadh. Tacaíonn fórsaí dalla margaidh gan srian leis na tréin, agus déanann faillí sna laga. Is uirlis a thuilleann ár meas é an margadh saor, agus a bhfuil feidhm le baint as, ach níl sé riamh le bheith ina bhreitheamh ar cé mar atá an tsochaí le riar, i gceachtar den dá chuid d'Éirinn nó sa Chomhphobal Eorpach i gcoitinne.[22]

73. Bímidne in Éirinn ag argóint ar son deontas ó Chiste Struchtúrtha an Chomhphobail Eorpaigh, agus fiú ar son aistriú

airgid gan cheist anseo amach le cúiteamh a dhéanamh sna fórsaí lárnaithe atá á neartú ag an Margadh Aonair; tugann sin le tuiscint go bhfuil fonn orainn sa bhaile freisin cibé athruithe nó aistrithe maoine a dhéanamh is gá le daoine aonair, grúpaí sóisialta, agus réigiúin áirithe a bheith páirteach go hiomlán i saol ár dtíre d'ainneoin fórsaí an mhargaidh.

74. Caithfidh an Stát bheith san airdeall de shíor agus bheith andaingean ag treorú fórsaí an mhargaidh ar mhaithe le forbairt iomlán dhaonna; ní féidir don duine aonair riamh freisin "fíricí an mhargaidh" a úsáid chun iompar fuar dolba le daoine eile a chosaint. Níl aon mhoráltacht ag baint le fórsaí an mhargaidh leo féin, ach na daoine a dhéanann cinneadh faoi airgead, agus a dhéanann rogha eacnamaíoch laistigh de chóras an mhargaidh, luíonn freagracht mhorálta orthu. Is gníomhartha morálta a gcinnte agus a roghanna, faoi réir an dlí mhorálta agus an choinsiasa.[23]

*Suáilce an Dlúthchomhair*

75. De réir mar a bhí an Eaglais ina teagasc sóisialta ag machnamh ar an dúshlán a thugann an bhreis smachta seo ar tháirgíocht eacnamaíoch faoin chine daonna, leag sí béim air nach mbeadh teacht ar an bhforbairt iomlán dhaonna, a bhfuil an oiread sin gá léi gan "forbairt chomh-uaineach" (*Populorum Progressio* §43) shuáilce an dlúthchomhair. Is é a chiallaíonn dlúthchomhar ná go nglacann duine leis le cion agus le freagracht go bhfuil an cine daonna ar fud an domhain ag brath ar a chéile, agus go bhfuil saol duine féin agus saol líon gan áireamh daoine eile nach gcuirfidh duine aithne orthu choíche fite le chéile cibé olc maith é. "Is cinneadh *daingean buan é an dlúthchomhar* go ndéanfaidh duine é féin a thíolacadh *don mhaith choiteann*, is é sin le rá, do mhaith gach duine ar leith, agus le chéile, mar go bhfuilimid go léir freagrach asainn go léir . . . Cabhraíonn sé linn ár "gcomharsa" agus ár "gcúntóir"a fheiceáil sa "duine eile" (cf Gein 2:18-20), agus go bhfuil sé/sí le déanamh páirteach, ar aon dul linn féin, i bhfleá an tsaoil ar ghlaoigh Dia orainn go léir chuige" (*Sollicitudo Rei Socialis* §§38, 39).

76. Aithníonn an dlúthchomhar go bhfuil an fhíorfhorbairt gan roinnt. Ní féidir d'aon aicme shóisialta, d'aon réigiún de thír, d'aon tír san eacnamaíocht idirnáisiúnta, iad féin a mheas mar "fhorbartha" má tá an staid sin bainte amach acu ar chostas daoine eile. Ba chóir go mbeadh an tsuáilce seo mar shéala ar an gCríostaí inniu, agus ar gach duine atá ag teacht ar an tuiscint gurb í maith an chine dhaonna go léir atá i gceist leis an "mhaith choiteann". Daoine in Éirinn atá á spreagadh ag an tsuáilce seo, beidh siad ag iarraidh poist a chruthú agus an eacnamaíocht a fhorbairt ar bhealach a bheidh ag teacht le conas ba chóir don CE agus don saol tionscalaíoch i gcoitinne a bheith ag tabhairt lámh chúnta sna heacnamaíochtaí is laige go háirithe iad siúd san Aifric agus i lár agus in oirthear na hEorpa. Níor chóir go mbeadh aon cheist faoi go measfaí gur chailliúint d'Éirinn ar shlí éigin aon chabhair a rachadh chun na leathchruinne theas, nó chun na sochaithe atá á n-atheagrú sa bhloc Cumannach a bhí. Is lú fós is féidir cur i gcoinne fabhar trádála toisc nach chun ár dtairbhe féin iad. Tá gá againn lena bhforbairt eacnamaíoch siúd má táimid le sinn féin a chomhlíonadh, faoi mar atá acusan lenár bhforbairt-ne.

77. Is í an triail is mó ar an dlúthchomhar in Éirinn féin ná an mbainfidh an tromlach a bhfuil poist acu feidhm as an gcumhacht atá acu go héifeachtach le go n-athróidís na cúinsí a bhrúnn dífhostaíocht ar an oiread sin daoine eile. Déanfaidh siad amhlaidh ar an gcéad ásc trí fheabhas agus chríochnúlacht a gcuid oibre. Eacnamaíocht atá á suaitheadh go minic ag aighnis pholaitiúla, nó ar daoire nó ar measa a táirgí agus a seirbhísí ná cuid sochaithe eile tionscalaíocha, tá caoi chun poist a chinntiú do dhaoine á scaoileadh uaithi aici.

78. Sa dara háit ní foláir d'fhostóirí agus d'oibrithe glacadh leis go ndéanann cibé méid a thógann dream díobh as an bhfiontar a fheidhmníonn siad eatarthu cur isteach uaireanta ar chumas na heacnamaíochta i gcoitinne forbairt a dhéanamh. Más é a bheidh mar threoir ag cách ná na táillí, na solamair, na tuarastail agus an pá is féidir le tíortha saibhre a dhíol, is é is dóichí ná go mbaileoidh siad chucu féin go doicheallach a lán den tairbhe

d'eacnamaíocht na hÉireann a ghabhann le bheith páirteach sa Mhargadh Aonair. Bheadh sin an-éagórach. Is ar mhaithe le gach Éireannach beo, agus ní ar mhaithe leo siúd amháin atá fostaithe cheana féin atá an CE ag infheistiú san fhostruchtúr, i leibhéal scileanna, agus i ndeontais forbartha do thionscalaíocht.

79. Éilíonn an dlúthchomhar go mbeadh bainistíocht agus stiúrthóirí in Éirinn níos oscailte agus níos freagraí maidir le cad a dhéantar le cibé breis a ghineann a gcomhlachtaí; éilíonn sé go gcuirfidís polasaithe a chruthódh poist in Éirinn i bhfeidhm, agus go mbeidís sásta le leibhéil tuarastail a bheadh i gcoibhneas cóir lena bhfuil á fháil ag daoine i bpoist eile san eacnamaíocht. Cuireann sé d'iallach ar oibrithe in Éirinn, agus ar a gceardchumainn, glacadh lena gcuid féin den fhreagracht ar son rath agus forbairt na bhfiontar a fhostaíonn iad, a bheith cáiréiseach maidir le húsáid na stailce mar arm[24], agus a bheith san airdeall le go mbeadh coibhneas cuí idir an tuarastal a éilíonn siad ar a gcuid oibre agus leibhéil ioncaim na muintire nach n-éiríonn leo d'ainneoin a ndíchill a bheith páirteach san eacnamaíocht. Aon áit in Éirinn inniu ina bhfuil an bhainistíocht agus na ceardchumainn ag obair as láimh a chéile le go mbeadh foireann oibre níos lú agus tuarastal níos airde (mar shampla, trí ragobair fonascúil rialta, nó ceannach, geall leis, iomarcaíochta) is léir go bhfuil dlúthchomhar ar iarraidh ón áit sin. Is ábhar mór imní an méid ragoibre atá ar siúl go rialta i gcodanna den eacnamaíocht, mar go ndealraíonn sé go bhfuil sé sin ag diúltú aon fhreagracht ar aon chor sa troid in aghaidh na dífhostaíochta. Idéal eile ar fad a mhaíonn an dlúthchaidreamh: ". . . ní hé cuspóir comhlacht gnó díreach brabús a dhéanamh, ach luíonn sé lena bheith ina *chomhluadar daoine* atá ag iarraidh, ar shlite difriúla, a riachtanais bhunúsacha a shásamh, agus ar ghrúpa ar leith iad i seirbhís na sochaí ina hiomláine" (*Centesimus Annus* §35).

80. Tá an Pápa Eoin Pól II tar éis coincheap a fhorbairt a chabhraíonn linn a thuiscint cé chomh scaipthe is atá an fhreagracht ar son a chinntiú go mbeadh leibhéil shásúla fostaíochta sa tsochaí. Labhraíonn sé ar an "bhfostóir indíreach"

ag tagairt don tslí inar féidir lena lán daoine aonair, grúpaí, agus cumann, dul i bhfeidhm ina n-iompar ar an méid fostaíochta a ghabhfadh le forbairt eacnamaíoch (*Laborem Exercens* §17). Is é an fostaitheoir, sa chiall thraidisiúnta, atá freagrach in oibrí breise a fháil go díreach san fhiontar, ach is iomaí slí ina bhfuil a chumas teoranta go docht ag gníomhairí agus ag gníomhaireachtaí ar féidir leo é a dhéanamh crua nó bog duine breise a fhostú. Tá, mar shampla, cánacha troma ar phádhuillí; dlíthe tuirsiúla; arduithe i gcostas beatha maidir le riachtanais (e.g. córas taistil poiblí, tithíocht etc) ar na fostúigh; rialacha ceardchumann agus cumainn ghairme a laghdaíonn líon na ndaoine oilte a bheadh ar fáil; arduithe móra tobanna i rátaí úis; athluacháil tobann an phuint i leith airgid reatha na margaí móra asportála, agus mar sin de. Níl smacht ag an bhfostóir aonair ar na heiliimintí sin go léir ach is mór mar a théann siad i bhfeidhm ar a dheacra a bhíonn sé oibrithe breise a fhostú. Is iomaí duine aonair agus is iomaí grúpa in Éirinn inniu atá ina "bhfostaitheoirí indíreacha". Tugann dlúthchomhar cuireadh dóibh é sin a aithint agus a thuiscint go n-éilíonn sé orthu ". . . beart a dhéanamh in aghaidh na dífhostaíochta, rud is olc i ngach cás, agus nuair a shroicheann sí leibhéal áirithe is féidir di bheith ina tubaiste shóisialta amach is amach" (*Laborem Exercens* §18).

### TAGAIRTÍ

1. Seo foinsí a thugann spleáchadh fónta ar an teagasc sóisialta Caitliceach agus a fhorbairt: Gregory Baum, *The Priority of Labor: A Commentary on Laborem Exercens, Encyclical Letter of Pope John Paul II*, New York/Ramsey: Paulist Press, 1982; Donal Dorr, *Option for the Poor: A Hundred Years of Vatican Social Teaching*, Baile Átha Cliath: Gill & Macmillan, 1983; Jean-Yves Calvez and Jacques Perrin, *The Church and Social Justice: The Social Teaching of the Popes from Leo XIII to Pius XII, 1878- 1958*, Chicago: Regnery, 1961; Hervé Carrier, SJ, *The Social Doctrine of the Church Revisited: A Guide for Study*, Vatican City: Pontifical Council for Justice and Peace, 1990; Joseph Gremillion (eag.), *The Gospel of Peace and Justice: Catholic Social Teaching since Pope John,* Maryknoll, New York: Orbis, 1976; John Molony, *The Worker Question – A New Historical Perspective on Rerum Novarum*, Baile Átha Cliath: Gill & Macmillan, 1991; An Chomhairle Phápúil um an gCóir agus an tSíocháin, *Human Rights and the Church: Historical and Theological Reflections,*

Páipéir a cuireadh i láthair ag Colloquium Idirnáisiúnta, An Róimh, 14-16 Samhain 1988, An Vatacáin: An Chomhairle Phápúil um an gCóir agus an tSíocháin, 1990; An Chomhairle Phápúil um an gCóir agus an tSíocháin, *Social and Ethical Aspects of Economics, A Colloquium in the Vatican*, An Vatacáin: An Chomhairle Phápúil um an gCóir agus an tSíocháin, 1992. *Ways of Peace: Papal Messages for the World Days of Peace (1968-1986)*, An Vatacáin: An Chomhairle Phápúil um an gCóir agus an tSíocháin, 1986.

2. "Tá cearta dosháraithe nach foláir a shásamh ag gach duine daonna. Tá cearta nach foláir a shásamh ag gach comhluadar daonna, cibé acu cearta comhluadair, cine, nó staire nó cultúir nó creidimh iad. Bíonn bagairt ar an tsíocháin gach uair a sháraítear ceart díobhsan".

"Ní bheidh fíorshíocháin ann fad tá éagóir á imirt in aon líomatáiste a bhaineann le dínit na pearsan daonna cibé acu polaitiúil nó sóisialta nó eacnamaíoch é, nó i gcúrsaí cultúir agus creidimh. Ní mór cúiseanna na n-éagothromaíocht a aimsiú trí scrúdú misniúil oibiachtúil, agus iad a chur ar ceal i dtreo gur féidir le gach duine fás agus forbairt i dtomhas iomlán a p(h)earsan" (Aitheasc an Phápa Eoin Pól II i nDroichead Átha, 29ú Meán Fómhair 1979, in *The Pope in Ireland: Addresses and Homilies*, Baile Átha Cliath: Foilseacháin Veritas, 1979 §8, lgh 20-21).

3. Tá a lán daoine aonair agus eagras ag iarraidh cearta mar a leithéid seo leanas a chosaint: ". . . an ceart chun na breithe, chun na beatha, chun giniúna freagraí, chun oibre, chun síochána, chun saoirse, chun na córa sóisialta, chun a bheith páirteach sna cinntí a bhaineann le ciníocha agus le náisiúin . . ." agus tá siad gníomhach ag cur i gcoinne ". . . foréigin choitinn de gach sórt, dála leathchuma ar dhaoine aonair agus ar ghrúpaí, céasadh coirp agus aigne á imirt ar phríosúnaigh nó easaontóirí polaitiúla" (*John Paul II in Mexico, His Collected Speeches*, London: Collins, 1979, lch 80).

4. Mar shampla, Mc 3:1-6; Lúc 12:37-46; Mc 10:13-16; Lúc 9:37-42.

5. An Pápa Eoin Pól II, *Redemptor Hominis (Redeemer of Man)*, 4 Márta 1979, London: Catholic Truth Society.

6. Vatacáin II, *Gaudium et Spes (Pastoral Constitution on the Church in the Modern World)*, 7 Nollaig 1965, in Walter M. Abbott SJ (Eag. Ginearálta), *The Documents of Vatican II*, London: Geoffrey Chapman, 1966.

7. Féach leis *Centesimus Annus*, §6; *Libertatis Conscientia*, §§82-86; *Gaudium et Spes*, §34.

8. An Chuallacht um Theagasc an Chreidimh, *Libertatis Conscientia (Instruction on Christian Freedom and Liberation)*, 22 Márta 1986, London: Catholic Truth Society.

9. *Rerum Novarum, Encyclical Letter of Pope Leo XIII on the Conditions of the Working Classes*, Study Edition: *A New Translation with Introduction and Notes* by Joseph Kirwan, London: Catholic Truth Society, 1983.

10. Fuair taighdeadh a rinneadh ar an mbochtanas sa Deisceart in 1987 amach gurb é ba chúis le seachtó faoin gcéad de bhochtanas teaghlach ná diúltú ceart ceann teaghlaigh chun oibre, nó luacháil íseal ar an obair a dhéanann sé nó sí.

41

Dá réir sin den líon iomlán teaghlach bocht, bhí duine dífhostaithe i gceannas ar tríocha faoin gcéad, feirmeoir beag ar fiche ceathair faoin gcéad díobh, agus fostúch ar deich faoin gcéad díobh (Callan et al, Tábla 7.11 lch 104).

11. Féach "The Incentive to Work" in An Chomhairle Um Leas Sóisialta, *Unemployment, Jobs and the 1990s*, op cit ailt 16-17, lgh 8-9.

12. Eoin Pól II, aitheasc ag Cuilapan, Mexico, 29 Eanáir 1979, in *John Paul II in Mexico: His Collected Speeches*, op cit lch 96.

13. "... faightear maoin ar dtús trí obair le go bhfónfadh sí don obair. Baineann sé seo ar shlí faoi leith le seilbh ar mheáin táirgíochta ... Ní féidir seilbh a choimeád orthu in *aghaidh na hoibre*, ní féidir seilbh a choimeád orthu ar *son na seilbhe*, mar *níl de theideal bailí le seilbh orthu ... ach go bhfónfaidís don obair*, agus ag fónamh don obair mar sin, go gcuirfidís i gcríoch an ... (prionsabal bunúsach den ord morálta), .i. sprioc choiteann gach maoine agus an ceart chun a húsáide" *Laborem Exercens*, §14; linne an bhéim).

Tá seilbh ar na meáin táirgíochta idir thionscalaíoch agus thalmhaíoch, cóir agus dleathach ar choinníoll go bhfónann sé d'obair fhónta. Bíonn sé mídhleathach, áfach, nuair nach mbaintear feidhm as, nó nuair is chun bac a chur ar obair dhaoine eile a bhaintear feidhm as ar mhaithe le brabús, brabús nach toradh é ar bhreis oibre agus saibhris i gcoitinne don tsochaí, ach ar iadsan a chrapadh, nó ar dhúshaothrú éagórach, nó ar amhantraíocht sa stocmhargadh, nó ar réabadh an dlúthchomhair i measc an lucht oibre.

"... déantar seilbh (ar na meáin táirgíochta) a dhlistiniú má chruthaítear nuair is cuí agus mar is cuí, áiseanna fostaíochta agus forbartha daonna do chách" (*Centesimus Annus*, §43).

14. An Pápa Eoin Pól II, *Sollicitudo Rei Socialis (The Social Concern of the Church)*, 30 Nollaig 1987, London: Catholic Truth Society.

15. An Pápa Pól VI, *Populorum Progressio (The Development of Peoples)*, 26 Márta 1967, London: Catholic Truth Society.

16. Féach "Fíorfhorbairt Dhaonna", Cuid IV de *Sollicitudo Rei Socialis*.

17. Féach §§ 47-53.

18. Féach *Gaudium et Spes* §65; Comhdháil Náisiúnta Easpaig Mheiriceá, *Economic Justice for All: Pastoral Letter on Catholic Social Teaching and the US Economy*, Washington DC: United States Catholic Conference, 1986, §15; §§71-72.

19. Mar shampla, féach *Populorum Progressio*, §33.

20. Féach *Populorum Progressio*, §19.

21. Féach Caibidil 1 in Richard Douthwaite, *The Growth Illusion*, Baile Átha Cliath: Lilliput Press, 1992.

22. "Nuair a fhágtar fúthu féin é, bíonn lé ag fórsaí an mhargaidh leis na saibhre, na tréana, agus na toicigh, agus luíonn siad ar na boicht,ar na laga, ar an dream gan chumhacht agus déanann siad iad a bhascadh. Ní mór do shochaí Chríostaí na dreamanna mós lag a chosaint le sciath na córa agus na taise ar thorthaí díobhálacha fórsaí margaidh gan smacht" (Cathal B. Cairdinéal Ó Dálaigh, Searmóin Eaglais N Bairtliméad, Baile Átha Cliath, 23 Lúnasa 1992).

42

23. Pléitear fadhbanna morálta an mhargaidh ag Cathal B. Cairdinéal Ó Dálaigh, op cit.

24. Ní foláir dóibh seo go léir a bhfuil baint acu le stailc ceisteanna áirithe a chur sula dtosaítear ar a leithéid:

1. An bhfuil sé cinnte go bhfuil éagóir dáiríre i gceist?
2. An bhfuil an éagóir chomh trom sin go ndlistineodh sé an damáiste agus an chailliúint is dócha a thiocfadh as an stailc?
3. An bhfuil coibhneas cóir idir an damáiste a dhéanfar agus an cuspóir dleathach atá á thóraíocht?
4. An bhfuil gach iarracht chun réitigh trí idirbheartaíocht, déanta agus ar theip ar na hiarrachtaí sin?

An té a bhfuil baint aige/aici le stailc ní foláir dó/di a bheith ábalta ar "tá" a rá leis na ceisteanna sin sula bhféadfadh sé/sí "tá an stailc seo ceadaithe de réir na moráltachta" a rá. Ní mór cuimhneamh air gurb í an stailc an dídean deiridh, agus nach cóir go deo go mbeadh sí ar an gcéad chéim in aighneas" (*Obair na Córa:* Tréadlitir Easpaig na hÉireann, op cit, §72, lch 35).

# CUID A TRÍ

## *Feidhmiú: Anailísí agus Polasaithe Réitigh go dtí Seo*

81. Cuirfidh duine ceist: "Conas is féidir luachanna mar sin a chur in iúl? Cathain a bheidh fhios againn go bhfuilimid ag maireachtáil dá réir?" Go dtí seo tá roinnt samplaí tugtha againn de conas mar a dhealraíonn na luachanna sin agus iad á gcur i ngníomh;[1] ach is ag míniú na luachanna iontu féin a bhíomar. Déanfaimid iarracht anois a iniúchadh cad a éilíonn sé in Éirinn inniu maireachtáil dá réir.

82. Is féidir do dhaoine a bhfuil an luach céanna faoi mheas acu a bheith ar mhalairt tuairime faoi cén polasaí is fearr a luíonn leis an luach sin i gcúinsí na linne. Tuigimid é sin. Sa roinn roimhe seo, agus ár gcúram teagaisc mar Easpaig á chomhlíonadh againn léiríomar na luachanna bunúsacha atá *fréamhaithe* sa tuiscint Chríostaí ar an bpearsa dhaonna. Ach níl deireadh fós lenár ndualgais thréadacha. Ní mór dúinn ár gcomhluadair a threorú ag déanamh anailís ar ". . . chúinsí ar leith a dtíre féin, agus iad a shoilsiú le solas briathra do-athraithe an tSoiscéil, agus prionsabail mhachnaimh, *noirm bhreithiúnais, agus treoracha gníomhaíochta*, a shú as teagasc sóisialta na hEaglaise" (*Octogesima Adveniens*, §4; linne an bhéim).[2]

83. Ag an bpointe seo pléimid breitheanna agus tuairimí áirithe, agus molaimid bearta áirithe is dóigh linn is riachtanach lena chinntiú go mbeadh obair ag gach duine in Éirinn inniu. Cé gur caitheadh cáiréis leo, níl na breitheanna ná na bearta do-earráideach. Iarraimid ar ár gcreidmhigh féin, áfach, agus ar gach aon duine eile sa tír seo, machnamh go domhain ar bhfuil á rá againn, agus a gcomaoin féin a chur ar an bplé i dtreo go mbeadh fís choiteann againn a d'aontódh sinn.[3] Tá cás na ndaoine dífhostaithe chomh gátarach sin nach féidir glacadh leis na

cinntí faoi cad tá le déanamh mar chinntí pearsanta príobháideacha.

## (i) *Ag cur feabhas ar ár Stíobhardacht Eacnamaíoch*

84. Ní mór a rá ar dtús go bhfuil freagracht ar son breis post a sholáthar sa tír seo ar na *hÉireannaigh* féin go príomha. Fáiltimid roimh na hanailísí nár ghlac le dearcadh cinniúnach nó nár chuir an milleán ar son ár ndífhostaíochta airde agus ár n-imirce ar "an mBruiséal" ná ar an "eacnamaíocht dhomhanda".[4]

85. Bíonn Éireannaigh á mealladh chun scaoileadh le dúshlán na dífhostaíochta le nathanna a scarann iad ó aon fhreagracht ar son a bhfuil ag titim amach. Deir siad, abair, gur fadhb idirnáisiúnta í. Féach, áfach, gur "fadhb" ag a lán de na tíortha tionscalaíocha *dífhostaíocht* nach bhfuil ann ach leath de ráta na hÉireann.[5] Nó deir siad gur teicneolaíocht faoi deara an fhadhb. Ní bhacann siad lena mhíniú conas is féidir le eacnamaíochtaí beaga oscailte (m.sh. na tíortha Nordacha) teicneolaíocht i bhfad níos forbartha ná mar atá againn in Éirinn a bheith acu, ach dífhostaíocht i bhfad níos lú. Rud eile a deirtear anois is arís ná go bhfuil an tír seo ar imeall na hEorpa. Ach níor lig an Fhionlainn, atá ar imeall na Mór-Roinne, ná an tSeapáin, atá ar imeall na hÁise, do gheofraif a bheith ina bac ar a bhforbairt eacnamaíochta.[6]

86. Is minic a thugtar míniú eile fós, an ceathrú ceann, is é sin go gcaithfeadh an dífhostaíocht a bheith ard anois de bharr an méadú mór a chuaigh ar an daonra le déanaí. Tá daoine áirithe den tuairim go gcaithfimid cur suas leis an dífhostaíocht ard agus leis an imirce nó go dtitfidh líon na n-óg ag teacht ar mhargadh an tsaothair de bharr athrú sa daonra. Tuigimid go seachnaíonn sin an dúshlán agus an chaoi chun forbairt eacnamaíochta níos fearr a chur i gcrích, rud atá á sholáthar ag an oiread sin daoine óga oilte atá ag lorg bheith istigh a fháil inár n-eacnamaíocht agus inár sochaí. Nuair a ghlactar leo seo sa láthair oibre, bíonn ar ár gcumas, de bharr a n-oscailteachta agus a n-oiliúna, nósa nua oibre, agus teicneolaíochtaí nua a ghlacadh chugainn féin. Mar

chaiteoirí méadaíonn siad an margadh baile; nuair is lucht tuarastail IMAT iad, laghdaíonn siad an coibhneas spleáchais ard thar meon a chaitheann oibrithe in Éirinn a iompar faoi láthair;[7] mar chathróirí cuireann siad breis beogachta inár saol sóisialta is ár saol polaitiúil. Cúis mhór imní dúinn dá bhrí sin nach mbeifí ag caint ar ár n-aos óg amhail is gurb iad an mhaoin is luachmhaire againn, ach mar phríomhchúis lenár ndífhostaíocht ard. Ciallaíonn sin go nglactar go héagórach leis go bhfuil gach rud is féidir á dhéanamh agus go bhfuil fuinneamh agus scileanna na ndaoine óga seo againn de bhreis ar a bhfuil de dhíth ar ár dtír.

87. Gach tuairim díobhsan, dá bhrí sin, díríonn sé aird ar ghné nach mór dúinn a chur san áireamh, ach ní ar chonstaic éigin a chuirfeadh bac iomlán orainn nó ceataí dobhogtha. Ba chóir go mbeadh rath na fostaíochta i dtíortha beaga eile Eorpacha ina dhúshlán fúinn.[8] Caitheann siadsan leis cur suas le guagacht na heacnamaíochta idirnáisiúnta agus le forbairt na teicneolaíochta, ár ndála féin. Chaith siadsan fáiltiú roimh breis de pháirtíocht na mban agus roimh breis imirceach ag obair. Bíonn a rátaí dífhostaíochta, áfach, i gcónaí níos ísle ná ár gcuid-ne. D'fhéadfadh breis eolais ar a stíobhardacht ar a maoin eacnamaíoch a chlaonta agus atá argóintí na nÉireannach a nochtadh go soiléir.

88. Níl na tíortha dá dtagraimid aonchineálach ar chor ar bith. Cruthaíonn siad go réitíonn bainistíocht fhónta eacnamaíoch go seoidh leis an gcultúr dúchais, agus an teanga, agus institiúidí san áireamh, agus go mbíonn siad seo ag brath air. Níor chóir go mbraithfeadh luachanna cultúrtha agus spioradálta na hÉireann faoi bhagairt ar aon slí dá bhrí sin ón dúshlán a bhainfeadh le leasú ár stíobhardachta eacnamaíche.

89. Is fada uainn fós go mbeidh deireadh le scóp chun breis forbartha eacnamaíochta agus cruthú post sa tír seo. Go dtí go mbeidh ní féidir dúinn a rá go bhfuil ár ráta dífhostaíochta dosheachanta, nó gurb é cúram "na Bruiséile" é. Cé gur ábhar dóchais gach céim ar aghaidh i bpolasaí agus gur cóir tacú léi, ach munar fiú í sin, mar sin féin caithfear iad seo a leanas a áireamh

mar shamplaí de dhrochstíobhardacht ar fhoinsí eacnamaíochta na hÉireann go dtí an lá a gcuirfear deireadh leo; ní leor go bhfógrófaí go raibh polasaí nua socair lena réiteach. Ní samplaí bunúla iad seo; nuair a áirítear ceann ar cheann iad, áfach, feictear cé mar atá forbairt eacnamaíoch fós ina ghnó gan cur i gcrích.[9]

* I gcomparáid le tíortha eile san Eoraip, is beag an luach breise a chuirtear le táirgí feirme trí phróiseáil in Éirinn. Sin mar atá agus is é is cúis leis ar shlí ná go bhfuil an earnáil talamhaíochta ag brath níos mó ná mar atá i gceist in aon bhallstát den CE ar dhíol isteach san eadrán. D'fhéadfadh an tír seo a bheith ina phríomhláthair ag cuid de na comhlachtaí bia is mó san Eoraip.[10]

* Tá rannóga den déantúisíocht gafa chomh mór sin ag craobhacha de chorporáidí idirnáisiúnta nach dtugann méadú suaithinseach ar asportálacha ach cabhair bheag don chuid eile den eacnamaíocht. Is é is cúis leis sin ná go ndéanann na craobhacha sin a lán den amhábhar a importáil agus go seoltar ar ais abhaile formhór a mbrabúis. Níl go leor de na mion-chomhlachtaí soláthair tagtha chun cinn sa tír seo chun na corporáidí idirnáisiúnta a fhí isteach inár n-eacnamaíocht.[11]

* Níl aon ní inár gcóras is mó a thuilleann an teideal ''déanta in Éirinn'', ná ár gcóras cánach, ach san am céanna admhaítear go bhfuil sé ar an gconstaic is mó ag cruthú post. Tuigtear do chomhlachtaí go bhfuil go leor reachtaíochta ann a laghdaíonn an costas a bhaineann le caipiteal a úsáid, ach go bhfuil a thuilleadh ann a mhéadaíonn costas fostaíochta. Tá ''ding cánach'' na droch-cháile ann a fhágann go bhfuil sé deacair ag fostóirí oibrithe díograiseacha singil a fhostú, mar go bhféadfadh sé £2 a chosaint orthu le go bhfaigheadh oibrí £1 breise. Tá sochaí na hÉireann dian ar obair ach bog le caipiteal, maidir le cúrsaí cánach.[12]

* Ó thús na seascaidí tá tuairiscí agus tacaí reachtála ag iarraidh, ceann ar cheann, na laigí sa bhainistíocht Éireannach a nochtfadh iomaíocht bhreise idirnáisiúnta a leigheas. Dá ainneoin sin tá an bhainistíocht Éireannach lag fós maidir le margaíocht idirnáisiúnta, le cumas an teicneolaíocht nua a chur chun tairbhe nuatháirgíochta, le dréachtadh straitéis ghnó, agus maidir le cothú caidreamh spreagúil lena fostúigh. Ó chuaigh Éire isteach sa

CE chuaigh méadú ar an bhfostaíocht a sholáthraigh na comhlachtaí idirnáisiúnta, ach tá a chómhéadú sin dulta ar an dífhostaíocht i gcomhlachtaí faoi bhainistíocht Éireannach. An iomaí cuallacht faoi threoir na bainistíochta céanna ar a mbeidh bláth faoin Margadh Aonair?

* Níl aon easpa sóchmhainní so-infheistithe in eacnamaíocht na tíre seo ó fhoinsí baile ná ó fhoinsí iasachta. De réir chaighdeáin idirnáisiúnta tá ár dtaiscí baile agus ár mbrabús d'airgead iasachta (an bhreis ar an gcothromaíocht íocaíochta) an-ard, ach níl na sóchmhainní sin ag dul chun tairbhe infheistíochta a chruthódh poist. Cé go bhfuil, abair, an t-airgead seo go léir ag cúrsáil sa chóras airgeadais, tá sé fíordheacair fós ag gnóthaí beaga agus mós mór, na gnóthaí seo atá a fhios ag an saol atá chomh tábhachtach sin don eacnamaíocht, caipiteal amhantrach a fháil.

* Is fada fós go mbeidh margadh aonair againn sa tír seo. Tá fianaise go leor ann go bhfuil an dá chuid d'Éirinn ag importáil ó thar lear earraí agus seirbhísí atá ar fáil ó chomhlachtaí sa chuid eile.[13] Réitíonn sé go hiomlán leis an dea-Eorpachas a bheith ag iarraidh comhlachtaí bunaithe a neartú agus cinn nua a chruthú agus an cúig mhilliún duine ar an oileán seo á meas againn mar mhargadh aonair.

* Tá éileamh láidir ar leibhéal an Chomhpobail Eorpaigh ag Éire chun cabhair a fháil i bhforbairt réigiúnach agus tuaithe. Ní hé atá de dhíth, áfach, go ndeonófaí an áirithe sin tacaíochta, ach go gcinnteofaí bealaí a bheadh dáiríre éifeachtach ag cur fostaíochta buaine ar fáil agus ag cur ár bhforbairt eacnamaíochta chun cinn. Leanadh Éire de bheith ag áiteamh ar an CE a bheith freagrach as leibhéal sásúil maoinithe, ach bíodh sí féin freagrach as bealaí a aimsiú lena chaitheamh a chinnteodh go gcomhlíonfadh sé an cuspóir dár ceapadh é.

* Fág go bhfuil sé soiléir go bhfuil easpa post sa tír seo, níl aon easpa oibre atá le déanamh – athnuachan limistéirí cathrach, cúram ar leith a dhéanamh de dhreamanna soghonta sa phobal, seirbhísí sláinte, oideachais, agus oiliúna a chur ar chomhchéim leo siúd i dtíortha beaga eile atá níos fuaimintiúla ná sinne, ár gcóras iompair poiblí a fheabhsú, ár dtimpeallacht nádúrtha agus ár n-oidhreacht stairiúil a chaomhnú, ár bpriosúin a dhaonnú,

agus go leor eile den sórt sin. Is é an dúshlán mór dúinne mar phobal ná tosaíocht níos mó a thabhairt do na riachtanais seo agus sin a dhéanamh trí acmhainní breise a chaitheamh leo.

Is é fáth go bhfuil aird á dhiriú againn ar na samplaí seo de dhrochstíobhardacht ná lena thaispeáint cén fáth nach gcreidimid go bhfuil gach is féidir á dhéanamh faoin dífhostaíocht. Níl sé ar intinn againn clár do chruthú post a dhearadh ach spéis nua a mhúscailt i gcur forbairt eacnamaíoch na tíre seo i gcrích. Cuireann an líon mór daoine atá ag lorg post dualgas morálta orainn dul ó chuma liom go barr feabhais mar stíobhaird ar ár n-acmhainní eacnamaíochta. An dúshlán eacnamaíocht níos tréine a thógáil sa tír seo, is faoin ár ndlúthchomhar le chéile agus faoi chiallmhaire ár bpolasaí atá sé sa chéad áit. Ba chóir níos mó gearáin a bheith ar siúl faoin easpa comhair shóisialta agus faoi na polasaithe dár gcuid a theip ná faoin teicneolaíocht nua agus faoi líon mór na n-óg.

90. Is faoin Rialtas go háirithe an dúshlán. Is fíor nach bhféadfadh an Stát post a ráthú do gach saoránach gan smacht a bheith aige ar gach gné geall leis den saol eacnamaíoch agus sóisialta, agus ba dhul ó theach an diabhail go teach an deamhain é sin. Ach bheadh sé chomh hainnis céanna dá mba é a mhalairt ar fad a dhéanfadh an Stát, is é sin, gan aon fhreagracht ar aon chor a ghlacadh air féin faoi sholáthar post, ach cearta maoine agus caipitil a chosaint. Cuireann sé díomá ar an muintir atá á gciapadh ag fadhb na bpost nuair a fheiceann siad nach dtéann beartas nua leis na páirtnéirí sóisialta thar tuarascáil eile a choimisiúnú in áit beart a dhéanamh de réir na bhfíricí bunaithe cheana féin, nó scéimeanna eile agus reachtaíocht eile faoin margadh oibre a fhógairt agus a fhios acu gur beag feabhas ar an dífhostaíocht de bharr tástálacha dá sórt le deichniúr blian, nó, seift eile fós, grúpa eile a bhunú leis an gceist a iniúchadh agus comhairle a thabhairt. In Éirinn inniu caithfear clár fadtéarmach chun poist a sholáthar a leagan síos agus ní clár forbartha eacnamaíochta ná daingnithe airgeadais amháin; agus *caithfear an clár sin a chur i bhfeidhm*; tá muintir na hÉireann ag súil leis go nglacfaidh an Stát páirt lárnach sa ghnó seo agus a chinntiú go mbeidh an comhar forleathan a éileoidh sé ar fáil.

## (ii) *Aontas faoi Phoist a Leathnú agus a Dhaingniú*

91. Cuirimid fáilte roimh ionracas agus umhlaíocht ainilisí a léiríonn dúinn a bhfuil ag brath ar Éireannaigh féin – nach mí-éifeachtach spadánta sinn ar uairibh! ach admhaímid leis agus tuigimid an dul chun cinn atá déanta. Is fearr go mór is go fada an táirgiúlacht agus an éifeacht i ngach roinn geall leis den eacnamaíocht anois ná mar a bhí an scéal tríocha bliain ó shin.

92. Le bheith cruinn, tá folláine atá le moladh, ag baint le heacnamaíocht na Poblachta maidir lena lán dá gnéithe: boilsciú íseal, cothromaíocht thréan íocaíochtaí, smacht ar an airgeadas poiblí agus ar na fiacha náisiúnta. Is mór na héachtaí iad seo nuair a chuimhnímid ar an imní a bhí faoi gach gné díobh, go dtí le fíordhéanaí. An casadh timpeall a deineadh léiríonn sé go gléineach cad is féidir a dhéanamh nuair a fhásann comhaontas sóisialta agus polaitiúil. Fág gur réamhchoinníoll do laghdú ar an dífhostaíocht í an fholláine airgeadais, ní leor í léi féin. In áit ár maidí a ligean le sruth an chonáigh i gcúrsaí airgeadais, ba chóir go gcuirfimis chuige le fogha ceart a thabhairt faoi namhaid na dífhostaíochta.

93. Ar na nithe is mó a chabhraigh leis an bPoblacht chun feabhas a chur ar staid ainnis a hairgeadais bhí rud a d'fhoghlaim na daonlathais bheaga Eorpacha níos fearr agus níos túisce .i. nach ealaí do na príomhghníomhairí in eacnamaíocht bheag thrádála tuairimí difriúla de gach sórt a bheith acu faoi cé mar is ceart an eacnamaíocht a riar. Má táimid le hoibriú le chéile ag forbairt scileanna agus maoine ár dtíre ar mhaithe le cách, tá gá ag ár ndlúthchomhar mar phobal le hinstitiúidí agus le próisis i bhfad níos fearr ná mar atá ar fáil.

94. Baineann idir bhaol agus bhuntáiste lena laghad agus atá ár n-eacnamaíocht agus ár sochaí. Mar shampla de bhaol, d'fhéadfadh grúpa mós beag comaoineacha a mhalartú ar a chéile d'fhonn a bpribhléidí agus a gcumhacht féin a dhaingniú. Nó, mar shampla eile, nuair a bhíonn aighneas in ionad comhráití i gcaidreamh

tionscalaíoch, déantar an oiread sin díobhála do chumas trádála na heacnamaíochta go laghdaítear an t-ioncam ginearálta go tubaisteach agus ní bhíonn aon dream beirthe ná buaite leis. Tá buntáiste leis, áfach, le bheith beag, agus baintear feidhm as sin nuair a chuireann fís agus fuinneamh ar mhaithe leis an mhaith choiteann ar chumas na muintire straitéisí éirimiúla a fhorbairt agus a chur i ngníomh d'fhonn greim a fháil ar fiú breis bheag den mhargadh domhanda; d'fhéadfadh sin an t-ioncam náisiúnta a mhéadú go mór.

95. Tosach maith is ea an Lár-Ghrúpa Athbhreithnithe a bunaíodh faoin gClár um Forbairt Eacnamaíoch agus Shóisialta sa Phoblacht;[14] ach ní leor sin má tá comhaontas éifeachtach le bunú dáiríre. Ba chóir go mbeifí ar thóir slite leis na bealaí agallaimh a leathnú i dtreo go mbeadh an tOireachtas, an earnáil dheonach, agus an mhuintir dhífhostaithe páirteach ann. Ba chóir go ndéanfaí na bealaí agallaimh a réiteach siar isteach sna chomhlachtaí ar leith, mar, thiar ó dheireadh, tá ár sláinte eacnamaíoch ag brath go mór ar an gcomhar idir an mbainistíocht agus na hoibrithe.

(iii) *Fiontar Gnó*

96. Is dóigh linne go bhfuil páirt an fhiontar gnó ar na nithe is tábhachtaí a bhfuil gá le comhaontas a chothú ina taobh faoi láthair. Tá sin amhlaidh mar nach féidir riamh forbairt eacnamaíoch na tíre seo a dhéanamh *dúinn; sinn féin* a chaithfidh é a dhéanamh.[15] Ní féidir do na comhlachtaí idirnáisiúnta, ná don CE, eacnamaíocht bhríomhar a sholáthar dúinn, eacnamaíocht a ghinfeadh breis fostaíochta agus athruithe as a stuaim féin. Caithfimid féin é sin a sholáthar le cúnamh tomhaiste na gcomhlachtaí idirnáisiúnta, na mbanc deoranta, agus an CE, nó ní bheidh againn ach eacnamaíocht a bheidh ina síorbhac ar an tnúthán chun post ag ár muintir. Is mór an ní go bhfuil béim á cur anois ar an gcabhair is gá agus is féidir le tionscail dhúchais, agus le bainisteoirí agus fiontraithe dár gcuid féin a thabhairt sa ghnó seo. Ní raibh riamh a leithéid de ghá le fir agus mná le tallann a ghlacfadh leis an dúshlán comhlachtaí trádála idirnáisiúnta a

bhunú agus a riar, comhlachtaí a bheadh fite go dlúth le hinneach ár n-eacnamaíochta trí chéile.

97. Tá fianaise ann go bhfuil líon míchuí de dhaoine cliste éirimiúla in Éirinn agus táillí agus tuarastail fhlaithiúla á dtóraíocht acu mar chomhairleoirí cánach, agus dlí, agus maoine. Is léir nach ar mhaithe leis an tír mar ba chóir atá an spreagadh chun oibre atá i gceist anseo. Tá luach a saothair go maith á fháil acu siúd a fhaigheann máistreacht ar chastacht ár gcóras cánach agus dlí seachas iad siúd a chruthaíonn nó a mhéadaíonn an fhostaíocht. Ciallaíonn sé seo go bhfuil daoine éirimiúla a bheadh, seachas seo, gafa le soláthar post, imithe leis an sórt seo fiontraíochta. Á chur sin san áireamh, is léir go bhféadfadh beartais áirithe cabhrú le soláthar fostaíochta, mar shampla, simpliú an chóras cánach, deireadh a chur le cleachtaithe teorantais i ngairmeacha mar an dlí, teorainn a chur leis an mbrabús is ceadmhach in amhantraíocht le talamh. Bheadh ansin tallann agus fuinneamh agus acmhainní ar fáil don bheart mór, ár dtionscalaíocht a leathnú is a fhréamhú go daingean agus comhlachtaí Éireannacha níos láidre a bhunú.[16]

98. Tá spiorad na fiontraíochta a sholáthródh poist le misniú agus le cothú ag a lán, ag tuismitheoirí, ag an gcóras oideachais, (ag scoileanna staidéar gnó go háirithe), ag dearthóirí ár gcóras cánach, ag ár gcóras tacaíochta don tionscalaíocht, ag cónaidhm na bhfostóirí, ag ceardchumainn; agus ag cách a bhíonn páirteach i múnlú dearcadh an phobail. Ní foláir nó go bhfuil sé soiléir nach féidir dúinn a bheith ag lorg post gan a bheith ag lorg an sórt sin duine a gcruthaíonn a misneach agus a bhfuinneamh iad. Ní cultúr faoi bhos na heacnamaíochta atá á thóraíocht againn (§§67-71), ach ní chiallaíonn sin go mbeadh col againn le heacnamaíocht fhiontrach.

99. Tá ag géarú ar an ngá le fiontraithe de réir mar atá an dá eacnamaíocht in Éirinn á snaidhmeadh leis an gcuid eile den CE. Ar an gcéad dul síos má dhéanann na húdaráis náisiúnta a n-áiseanna polasaí móreacnamaíocha, leithéid rátaí malartaíochta, úis agus cánacha, a thabhairt de réir a chéile ar aon chéim leo siúd atá i

réim sa Chomhphobal, beidh níos mó agus níos mó tábhacht ag gabháil le feabhas na beartaíochta mioneacnamaíochta ag leibhéal rannóg agus comhlacht. I bhfocal eile, is i laghad a bheidh cumhacht na mbanc náisiúnta agus na n-airí airgeadais ag dul maidir lena gcumas cabhair a thabhairt chun poist a chruthú – mar shampla, trí rátaí úis a ísliú, nó trí fhaoiseamh cánach. Dá bharrsan beidh níos mó agus níos mó ag brath ar fheabhas na hinfheistíochta agus na mbeartas gnó ar a gcinnfidh comhlachtaí ar leith. Tá an cúiteamh ar son éifeachta agus an pionós ar son míéifeachta ag leibhéal na comhlachta ag méadú de shíor de réir mar atá an Margadh Aonair á chur i bhfeidhm. Tá taithí ag gach comhlacht agus ag gach custaiméir in Éirinn ar a bheith ag déanamh iontais d'earra éigin nua iasachta de bharr a dheartha, a chlisteachta, a fheabhais, a shaoire nó a leithéid eile. Ba chóir go mbeimis ag tnúth leis go mbeadh comhlachtaí agus custaiméirí thar lear go minic ag déanamh iontais d'earra ó Éirinn ar chúis éigin dá sórt.

100. Tá sé tábhachtach go dtuigfimis a mhéid atá sé ag brath ar an earnáil ghnó cén tairbhe a bhainfidh an pobal ar fad as an gcaiteachas as an gCiste Struchtúrtha atá á dhéanamh faoi láthair ag an CE. Infheistíocht an-mhór i dtír na hÉireann is ea an caiteachas seo. Tairbhe na hinfheistíochta seo, áfach, do mhuintir na hÉireann, agus don CE trí chéile, beidh sé ag brath ar fhonn agus ar chumas breis daoine aonair agus breis comhlachtaí feidhm a bhaint as na háiseanna níos fearr trádála *as Éirinn* atá ag sní as an infheistíocht chéanna.

101. Ní gá go mbeadh leithleas, saint, ná éagothromaíocht bhreise i roinnt na maoine mar thoradh ar fhiontraíocht ghnó a bheith á cothú. Is í an tuiscint Chríostaí ar an bhfiontraíocht ná go bhfuil saoirse beartaíochta an duine aonair an-tábhachtach don mhaith choiteann (*Sollicitudo Rei Socialis* §15). Is féidir le tuiscint agus tallainn duine aonair beartais aontaithe a spreagadh agus a chur sa tsiúl, beartais ina mbíonn a lán daoine i gcomhar le chéile ar mhaithe le gach duine ar leith agus leis an tsochaí (*Centesimus Annus* §32). Ba chóir go mbeadh sé ina shásamh mór pearsanta

d'fhiontraithe in Éirinn inniu a fhios a bheith acu go bhfuil a bhfuinneamh agus a ndúthracht á chur ar chumas daoine eile leis a bheith páirteach sa saol eacnamaíoch agus taithí a fháil ar dhínit na hoibre agus a luach saothair.

102. Ach bristear an ceangal idir na fiontraithe agus an chuid eile den tsochaí nuair a dhéanann cuid acu gaisce go poiblí as a modh maireachtála róchaiteach, rud dhéanann treibh leo féin díobh, scartha óna gcomhshaoránaigh. Bíonn an bladar agus an aird go léir, a thugann cuid de na meáin chumarsáide do "bhearta agus do bhriathra" na dtoiceach, ag séideadh faoin éagantacht bhaolach seo. Is fíor é gur cóir d'Éireannaigh dearmad a dhéanamh d'aon amhras nó doicheall ó dhúchas a bheadh acu faoi bhean nó faoi fhear a bheadh i dtús cadhnaíochta agus a d'éireodh saibhir dá bharrsan; ach mar sin féin tá sé de cheart ag an bpobal a éileamh ar cheannasaithe gnó saol a chaitheamh a mbeadh stiúir faoi ar mhaithe leo féin agus ar mhaithe leis an náisiún go léir. Sa tslí sin tabharfar le tuiscint do dhaoine óga gur gairm beatha é an gnó, dála gairmeacha eile, a fhónann don chomhluadar.

103. Is bagairt bhreise don tsochaí é nuair a bhaineann daoine feidhm as a mbuanna fiontraíochta chun airgead a charnadh trí ionramháil chliste na margaí airgid ar iliomad slí, nó na gcóras cánach, nó na reachtála dlí, in áit trí bheartais a chruthódh poist. An córas casta cánach agus dlí comhlachta, méadú agus leathnú na margaí airgid ar fud an domhain, tá caoi curtha ar fáil acu seo do mhí-iompar ar scála níos mó agus níos oilte ná ab fhéidir a shamhlú roimhe seo in Éirinn. An díobháil shóisialta is féidir leis an bhfear gnó gan mhóraltacht a dhéanamh, tá méadú air dá réir. Ní tharlaíonn calaois agus cúbláil riamh gan daoine a bheith thíos leis. Bíonn cumas na heacnamaíochta poist a chruthú, – agus, dá bharrsan, fiúntas na beatha ag an lucht dífhostaithe – i ngeall ar an sórt seo.

104. Ba chóir barr díchill a dhéanamh teicnící smachta agus féitheoireachta a choimeád ar chomhchéim leis an bhfaill a bhíonn ar fáil caimiléireacht a dhéanamh. Ach ní leor gurb é treoir

a bheadh ag lucht gnó ná gan an dlí a bhriseadh. Ba chóir go mbeadh meas acu ar oscailteacht, agus a bheith sásta go mbeadh a socruithe agus a mbrabús á dtuairisciú go poiblí. Ba chóir go mbeadh meas acu chomh maith ar an dlúthchomhar agus an grá sóisialta, agus go mbeadh fonn orthu go mbainfidís feidhm as na hacmhainní faoina smacht ar bhealaí a bheadh ina dtairbhe don chuid eile den tsochaí, go mór mór na baill is laige inti.

105. Ní healaí dúinn in Éirinn inniu seanbhlas a bheith againn ar fhiontraíocht ghnó. Is é an toradh is measa a bhíonn ar iompar mímhorálta gnó ná go gcreimeann sé an meas poiblí ar an ról sibhialta agus sóisialta atá ag gnó trí chéile. Níor mhór d'Éireannaigh, más ea, a bheith níos tuisceanaí fúthu siúd a theipeann go hionraic ina ngnó, agus misneach a thabhairt dóibh triail eile a bhaint as, in áit daorbhreith a thabhairt ar gach teip. Deirimid arís eile: tá an fíor-thírghrá atá riachtanach inniu á chleachtadh ag an té a bhunaíonn fiontar a chuireann ar chumas daoine a saothar a theacht chun margaidh.

106. Bealach ar leith inar féidir fiontraíocht a láimhseáil is ea an comhlacht gnó faoi úinéireacht phoiblí, cé gur lú tábhacht, maidir le cruthú post in Éirinn, nádúr úinéireacht chomhlachta (.i. cé acu poiblí nó príobháideach é) ná, abair, a cheangal le ranna eile den eacnamaíocht, mar sin féin tugann an comhlacht faoi úinéireacht phoiblí, gan cur isteach ó aon ní eile, caoi do dhaoine a dtallann gnó agus a bhfuinneamh a chur chun tairbhe na tíre go díreach. Thug na comhlachtaí státurraithe i mblianta tosaigh an Stáit theas caoi do dhaoine é sin a dhéanamh, rud a bhí an-tábhachtach. Ba chóir aird a thabhairt ar an díograis ar leith is féidir leis na comhlachtaí seo a spreagadh agus é sin a chothú. Tá cuimhne ar an obair cheannródaíoch a dhein siad á choimeád beo inniu sna fiontair thairbheacha nua trína bhfuil na comhlachtaí státurraithe ag saothrú go tréan ag cruthú post fónta de bharr a gcumas bearta nua a chur i gcrích.

107. Tá an fiontar comhair ar na saghsanna eile fiontair a thuilleann tacaíocht ar leith ón bpobal trí chéile. Trí chomhar-

chumainn cuireann daoine toise chomhchoiteann a gcuid oibre in iúl ar shlí faoi leith, agus, go minic leis, a gceangal féin leis an gcomhluadar áitiúil. Ba dheacair, de réir dealraimh, comharchumainn táirgíochta a chur chun cinn, ar aon scála mór, in aon réimsí eile seachas bia agus talmhaíocht. Ba chóir tacú go tréan le scéimeanna fadtéarmacha oideachais, reachtaíocht bhreise chúntach, caidreamh le gluaiseachtaí comharchumann-acha i dtíortha eile, agus le bearta nach iad. Nuair a bhíonn bláth ar fhiontar gnó ar bhonn foirmiúil comharchumainn, ansin bíonn radharc soiléir le fáil ar chomhthéacs iomlán daonna na gníomh-aíochta eacnamaíche.[17]

## (iv) *Cumhacht á Tabhairt do Chomhluadair agus do Réigiúin*

108. An cion ó chroí atá ag daoine dá bhfóidín dúchais, tá sin ar na gnéithe is taitneamhaí agus is dóchasaí den saol sa tír seo. Tá mórtas orainn as ár ndúiche féin agus as ár bpobal féin agus fonn orainn oibriú ar a son, rud a léirítear in iliomad cumann deonach áitiúil. Ach dá ainneoin sin, táimid ag caitheamh ár saoil sa dá stát is lárnaithe in Iarthar na hEorpa, dhá stát nach dtugann faoi láthair ach aitheantas an-teoranta d'údarás ar bith réigiúnach.

109. Chuir an éigeandáil pholaitiúil sa Tuaisceart deireadh le cibé neamhspleáchas réigiúnda a bhí ann, in 1972, agus d'fhág an córas rialtais áitiúil i bhfad níos laige. Ansin in 1977 cuireadh deireadh le rátaí ar thithe sa Phoblacht agus bhain sin go mór ó chumhacht an chóras rialtais áitiúil, córas a bhí go mór cheana féin faoi bhos na bpáirtithe polaitiúla náisiúnta. Braitheann daoine, mo léan, inár mbailte agus inár gcontaethe, go bhfuil sé deacair acu dul i bhfeidhm ar fhorbairt a ndúiche féin agus nár mhór duit a bheith i Londain nó i mBaile Átha Cliath chun sin a dhéanamh. Tuigtear dóibh gur ar an imeall a bhíonn siad i gcónaí agus cinneadh á dhéanamh. Nach aisteach é, sa tír seo ina bhfuil an oiread sin gá le cultúr saoránach a neartú, go mbeadh dhá chóras pholaitíochta nach dtugann ach an chaoi is suaraí dá saoránaigh na suáilcí cuí a chleachtadh trí bheith páirteach i rialú áitiúil. Níl, abair, ach trí faoin gcéad de chaiteachas an rialtais

i lámha an rialtais áitiúil sa Tuaisceart, agus trí déag faoin gcéad sa Phoblacht. Sa Danmharg, ar an láimh eile, tá timpeall seachtó faoin gcéad.[18] Tá prionsabal an fhóirchúnta[19] (i.e. cinneadh a fhágáil le déanamh ag an leibhéal is ísle is féidir) le haithint laistigh d'Éirinn chomh maith le ag leibhéal an CE.

110. Is iomaí áiteamh láidir is féidir a dhéanamh ar a lán cúiseanna ar son leasaithe sa chóras rialtais áitiúil. I gcomhthéacs na Tréadlitreach seo, ba mhaith linn béim a leagan ar an gcabhair a d'fhéadfadh sé a thabhairt ag forbairt na heacnamaíochta agus ag cruthú post.[20] Ní féidir fíorfhorbairt a chur i gcrích gan eolas áitiúil, tacaíocht áitiúil, agus páirtíocht áitiúil. Tá gá le comhar ar leith idir muintir na háite agus eagrais ó lasmuigh chun a fháil amach cad iad na deiseanna gnó a d'fhéadfaí a bhunú ar na háiseanna agus ar na hacmhainní logánta, agus chun na scileanna agus an fuinneamh is gá a chur i bhfeidhm orthu. Ní mór do mhuintir na háite fáilte a chur roimh gach eolas faoi na deiseanna nua agus na constaicí nua atá ag síolrú chomh mear sin ón saol mór atá ag athrú chomh tapa sin (leasú CAP, an Margadh Aonair Eorpach, athruithe i margadh na turasóireachta, cláracha nua cúnaimh do fhorbairt na tuaithe leis an CE, etc). Ní mór do na heagrais ó lasmuigh teacht ar an tuiscint gurb é a ngnó féin a bheith ag cabhrú le muintir na háite agus a bheith á chur ar a gcumas iad féin a bheith i bhfeighil a bhforbartha féin agus forbairt a ndúiche/réigiúin. Ní dhéanfaidh sé an fuinneamh logánta a spreagadh agus a dhíriú ar dhúshlán na forbartha eacnamaíochta agus chruthú post, craobhoifigí a leathadh ar fud na réigiún má fhanann cinneadh polasaí agus smacht ar a fheidhmiú-san suite go daingean sa phríomhoifig sa phríomhchathair.[21] Ach má bhíonn an caidreamh idir an pobal logánta agus na heagrais ó lasmuigh bunaithe ar iad a bheith fáilteach muiníneach i leith a chéile, is féidir fíorfhorbairt a theacht chun cinn; rachaidh leá ar an dearcadh "sinne agus iad siúd", agus tuigfear go bhfuil dúshlán coiteann ann agus nach neart go cur le chéile.[22]

111. Táimid buíoch do Dhia go bhfuil an obair dheonach agus an obair chomhluadair beo beathach. Bíonn a lán cláracha náisiúnta

agus cláracha CE ag brath orthu lena bhfeidhmiú. In áiteanna atá díothaithe go mór tarlaíonn sé go ndéanann eagrais logánta an eacnamaíocht a fhorbairt go héifeachtach agus cabhair á fháil acu go tomhaiste ó fhoinsí difriúla. Is geall le fiontraithe iad dáiríre mar go bhfuil na seirbhísí atá de dhíth ar a gcomhluadair á gcur ar fáil acu – lárionaid do mhná, do chúram leanaí, do sheirbhísí don óige, tacaíocht do lucht tóraíochta post, agus do ghnóthaí beaga, iostais etc. Is é an dúshlán anois ná cabhrú a thuilleadh leo chun poist fhónta a sholáthar. Ní mór don Stát barr urraime a bheith aige dá n-iarrachtaí; agus nuair is léir nach bhfuil malairt poist ar fáil do na daoine i gceist, ba chóir maoiniú poiblí a riar ar slí a chabhródh leo go fadtéarmach. Agus poist chomh gann sin san earnáil phríobháideach agus san earnáil phoiblí faoi láthair, is beag an chiall atá leis go mbeadh iarrachtaí na ngrúpaí logánta ar dhíriú ar thionscnamh fadtéarmach, nó mós fada, á gcrapadh ag éileamh an Stáit go gcaithfeadh malairt foirne a bheith fostaithe sna tionscnaimh gach bliain. Ba chóir go bhfreagródh an leibhéal pá do dhínit obair na muintire a bhíonn páirteach sna tionscnaimh, agus go mbeadh sé, chomh maith, ina ghriogadh chun a bheith páirteach iontu.

112. Ba mhaith linn misneach a thabhairt do chomhairlí ceantair agus do chomhairlí contae, do choistí sláinte agus oideachais, chun tabhairt faoi bhealaí nua ina bhféadfaidís, fiú leis an mbeagán cumhachta eacnamaíochta *atá acu*, poist a sholáthar do dhaoine dífhostaithe trí fheidhm a bhaint astu ag riar cuid de na seirbhísí ar a mbíonn a gcomhluadair féin ag brath.[23] Tá páirt anseo ag comhlachtaí príobháideacha freisin. Tá comhlachtaí áirithe sa Bhreatain Mhór agus sna Stáit Aontaithe a bhfuil pleanáil déanta acu le páirt ghníomhach a ghlacadh le comhluadair dhaibhre agus le grúpaí sóisialta, á bhforbairt féin. Go dtí seo in Éirinn, de ghnáth is lucht gnó agus gairme, ar bhonn príobháideach pearsanta, a dhéanann amhlaidh. Ach maidir le comhlachtaí móra, is beag fonn atá orthu aon pholasaí ar fhreagracht shóisialta a dhréachtadh, gan trácht ar dhlúthchomhar leis an muintir dhífhostaithe ná lena gcomhluadair, seachas síntiúis chorparáide a thabhairt.[24]

113. Tugann paróistí agus comhluadair áirithe misneach dúinn sa tslí a chuir siad chun oibre ag cabhrú le daoine dífhostaithe iad féin a chur in iúl. Ar uairibh bíonn siad páirteach chomh maith ag soláthar post. Cuid thábhachtach de shaol chomhluadair Chríostaí is ea an dlúthchomhar seo leis an muintir dhífhostaithe. Táimid ag gríosadh gach paróiste agus gach comhluadair Chríostaí le bheith gníomhach agus dícheallach ag bailiú comhluadair fháiltigh le chéile ina mbeidh an meas is dual ar chearta daoine gan obair.

## (v) *Cruthú Post agus an Timpeallacht*

114. D'fhéadfadh ainmheasarthacht shuaithinseach na sochaí caití masmas a chur ar dhaoine i leith nithe mar forbairt eacnamaíochta, teicneolaíocht nua, fiontraíocht agus fórsaí margaidh. Is fíor é, nuair nach mbíonn a leithéid faoi stiúir agus faoi threoir ag fís níos leithne den bheatha dhaonna, agus ag dualgais dhleachtaithe don mhaith choiteann, go sceitheann astu truailliú na timpeallachta, breis dífhostaíochta, agus éagothromaíocht shóisialta níos leithne fós.

115. Nuair a chuirimid ár dtimpeallacht i gcomparáid le timpeallacht chuid de na tíortha atá in ainm a bheith níos "saibhre", níor mhiste dúinn a bheith buíoch beannachtach. Má fhéachann duine ar an saol le dearcadh creidimh, tuigfidh sé níos fearr nach stór gan teorainn d'ábhar gan chostas í an timpeallacht nádúrtha, ach gur tabhartas ón gCruthaitheoir grámhar dá chlann daonna ar fad é a raidhse agus a maoin, agus go bhfuil teorainneacha leo (*Laborem Exercens* §12, *Centesimus Annus* §37). Is oidhreacht í a bhronntar orainn, oidhreacht a maisíodh le saothar lámha na nglún a ghabh romhainn, oidhreacht atá le saibhriú fós lenár saothar féin, agus le seachadadh againn dóibh siúd atá le maireachtáil sa tír seo inár ndiaidh.

116. Ní gá dea-staid ár dtimpeallachta a chreachadh tríd an tóir ar bhreis post dár muintir ná tríd an fhorbairt eacnamaíoch a éilíonn sé sin, cé go mb'fhéidir go gcaithfí ar uairibh cur isteach ar an

timpeallacht mar atá sé. Is léir, ar ndóigh, go bhfuil timpeallacht mós glan na tíre seo an-tábhachtach dár dtionscail bia agus turasóireachta. Ba chóir go mbeimis ag súil le breis post a sholáthar de réir a chéile *trínár* dtimpeallacht a mhaisiú – poist ag déanamh na scagairí, na gcóracha glanta, agus na n-áiseanna eile atá de dhíth ar ár monarchana; poist ag tabhairt aire do thailte, do chrainn agus d'fhoinsí uisce; poist i dtalmhaíocht orgánach, ag athúsáid dramhaíola, ag athnuachaint cathracha, agus i réimsí nach iadsan. Forbairt eacnamaíoch a laghdaíonn an fhostaíocht ina iomlán, nó a leanann deascaí nua níos measa fós aisti (truailliú ar an timpeallacht, briseadh misneach an phobail) is geall le loraí gan choscán faoi lánsiúl í. Tá sé de dhualgas ar an tsochaí trína rialtóirí, trína rialtas, tríd an gcomhluadar gnó, trí ghluaiseacht an lucht oibre, agus ag gach leibhéal, dul i bhfeidhm ar an bhforbairt, súil a choimeád ar cén sórt í agus cén treo ina bhfuil sí ag dul, agus a chinntiú go dtéann forbairt eacnamaíoch chun fíorthairbhe an chine dhaonna, gach ball de, agus dá dtimpeallacht.

(vi) *Poist agus an Eoraip*

117. Bhí sé de thoradh ar an díospóireacht faoi Chonradh Mhaastricht gur chrom daoine ag machnamh níos doimhne ná riamh ar Éire agus an Eoraip. A lán den mhuintir a bhí ag argóint i bhfabhar an Chonartha sa reifreann sa Phoblacht, d'áitíodar go tréan go mbeadh breis airgid fós ag sní chugainn de thoradh an Aontais.[25] An mhuintir a chreid gur beag mar a chuaigh na deontais a bhí faighte cheana chun tairbhe na muintire dífhostaithe agus na n-imirceach, níor thug siad aird ar an gcaint sin. Cheap daoine eile fós gur chruthú breise é go rabhamar ag dul ar iontaoibh na hEorpa glan amach le súil go ndéanfadh an tAontas dúinn na rudaí a chuaigh dínn féin a dhéanamh.

118. Is fadhb í an dífhostaíocht ar fud an CE, ach tá sí thar a bheith géar in Éirinn. Dá bharrsan, agus go háirithe de bharr na luachanna uilíocha a ndírímid aird orthu i gCuid a Dó den Tréadlitir seo, creidimid gur gá go mbeadh guth na hÉireann le

clos go tréan sa Chomhphobal Eorpach ag cur béime ar a thábhachtaí atá sé a bheith tíolactha d'iarracht phraiticiúil éifeachtach chun poist a sholáthar.

119. Ní ceist deontas breise airgid a éileamh amháin é. Ciallaíonn sé páirt chúntach a ghlacadh san argóint faoi cén saghas Eorpa a theastódh ón gComhphobal a thógáil. Tá dochar á dhéanamh don Chomhphobal Eorpach ag an dífhostaíocht ard bhuan, díreach mar atá á dhéanamh aige d'Éirinn; tá sé ag ídiú aontacht shóisialta an Chomhphobail, a chultúir shaoránaigh, agus creidiúnas a ról sa saol mór. Ní foláir don Chomhphobal cluas a thabhairt do thaithí na hÉireann sna cúrsaí seo. Ciallaíonn sé seo nach ábhar cúng suime d'Éirinn amháin é, ach go mbaineann sé le hinneach cibé Aontas Eorpach atá le teacht, agus go bhfuil sé tábhachtach an iomad béime ar chuspóirí airgeadais a sheachaint faoi láthair nuair atá aontas eacnamaíochta agus airgeadais (*EMU*) á bhrú chun cinn. Níor leor mar thaca dár n-aidhmeanna fostaíochta aon chóras amháin daingean buan airgead reatha ar fud an Aontais ar fad. Is é an sórt Aontais ba ghá don tír seo, ná Aontas a chinnteodh rátaí ísle pá, forbairt dhaingean eacnamaíoch, agus aistriú airgid ar scála substaintiúil. Cuirimid fáilte roimh an bhraithstint Eorpach atá ag neartú sa tír agus an pháirt i dtógáil na hEorpa aontaithe atá ag an oiread sin Éireannach.

120. Tá an díospóireacht ar Chonradh Mhaastricht tar éis a chur ina luí níos mó ar a lán Éireannach nach le cúrsaí eacnamaíochta amháin a bhaineann forbairt an Chomhphobail Eorpaigh (CE). Baineann sé le cén sórt saoil agus sochaí atá uainn sa tír seo, baineann sé leis an sórt cúnaimh is féidir do gach ballstát a thabhairt, i gcomhar le chéile, tríd an gComhphobal, chun an domhan seo againne a dhéanamh níos sábháilte agus níos córa do gach daoine. Ní éilíonn comhréiteach agus comhar fial go slogfaí aon pháirtí. Ní chiallaíonn tógáil na hEorpa nua go nglacfaí gan cheist le hiarracht ar fhorstát nua a bhunú. Is é atá i gceist ná caidreamh a bhunú idir na luachanna deimhnitheacha daonna Críostaí a bhaineann lenár ndúchas Éireannach agus luachanna na bpobal eile atá sa Chomhphobal farainn faoi láthair.[26] Sa chaidreamh seo beidh

a lán le foghlaim againn a shaibhreoidh agus a fheabhsóidh ár sochaí; ní foláir dúinn a chreidiúint leis, áfach, go bhfuil nithe deimhnitheacha le rá againn, moltaí a rachaidh chun tairbhe agus chun feabhais sochaithe eile.

(vii) *Ceart don Mhuintir Dhífhostaithe*

121. Fiú dá n-éireodh lenár sochaí dul chun cinn mór a dhéanamh sa tnúth agus sa tóir éifeachtach ar fhostaíocht inár n-eacnamaíocht, ní mhaolódh sin ar na dualgais phráinneacha throma a leagann leibhéal dífhostaíochta na linne orainn. Éilíonn an chóir go ndéanfaimis ár gcroídhícheall feabhas a chur ar shaol an duine dífhostaithe fiú anois féin agus sinn gafa ó chroí le soláthar post.

122. Ciallaíonn sin cearta na muintire dífhostaithe a admháil agus a chosaint. Sa chéad áit, tá ceart ag daoine dífhostaithe chun cúitimh shásúil ar son a ndífhostaíochta, chun ioncaim a chosnódh iad féin agus a gcleithiúnaithe ar an mbochtaine. Fág go gciallaíonn ardú sa dífhostaíocht ardú go cinnte ar an mbille leasa shóisialta, mar sin féin caithfear glacadh leis sa saol polaitiúil go bhfuil an t-ioncam sin thar gach margaíocht. Táimid ag plé le hioncam ar a gcaithfeadh daoine maireachtáil, agus níl sé cóir ná ceart a bheith ag tabhairt "costas" nó "ualach" glan amach air. Is cáiníocóirí iad seo leis mar, de ghnáth, caitheann siad a n-ioncam go léir agus luíonn cáin bhreis luacha air. Tá sé tábhachtach go dtuigfeadh daoine cad air a chaitear an teacht isteach ó chánacha i dtreo nach gcuirfí an milleán ar son cánacha arda pearsanta go huile is go hiomlán ar an líon daoine atá ag fáil cúiteamh dífhostaíochta. Cosnaíonn, mar shampla, faoiseamh cánach, rud a théann chun tairbhe na ndaoine fostaithe amháin geall leis, suim mhaith gach bliain.[27] Is deacra an tacaíocht phoiblí seo dóibh sin a thabhairt faoi deara ná an tslándáil shóisialta a íoctar le daoine dífhostaithe. Faoi mar nach féidir nach ndíolfadh an Rialtas a fhostúigh féin go hiomlán, nó nach n-íocfaí ús na bhfiach náisiúnta, ba chóir, sa tslí chéanna, nach féidir nach gcuirfí a mhalairt seachas ioncam sásúil ar fáil dóibh siúd nach féidir leo

post a fháil. Ná ligimis do mhéaduithe eile fós ar líon na ndífhostaithe sceon a chur orainn agus aon ghearradh siar dá bharr a dhéanamh ar chearta ioncaim na ndaoine gan post.[28]

123. Tá ceart ag daoine dífhostaithe go ndéanfaí a gcúiteamh dífhostaíochta a riar ar bhealach béasach gan tarcaisne. I dTuaisceart na hÉireann, dála na Ríochta Aontaithe, tá na rialacha faoi chearta na ndífhostaithe chun slándála sóisialta á síorathrú le breis is deich mbliana. Braitheann siad gurb é atá laistiar de seo ná níos lú agus níos lú fonn a bheith ag teacht ar an gcuid eile den tsochaí tacaíocht shásúil a thabhairt. Maidir leis an bPoblacht, cé go ndeachaigh líon na ndaoine a chaitheann brath ar chúiteamh sóisialta i méid faoina ceathair, ní dheachaigh foireann agus áiseanna freastail orthu i méid ach go himeallach; fágann sin, i gcásanna áirithe, go bhfuil cúinsí na híocaíochta féin go maslaitheach. Pléitear go giorraisc míthuisceanach ar uairibh fós le daoine is baolach. Tá sé de cheart ag daoine dífhostaithe go bpléifí chomh béasach céanna leo agus iad ag lorg a n-iocaíochtaí agus a dhéanfadh institiúidí airgeadais phríobháideacha lena gcustaiméirí.

124. Daoine atá dífhostaithe le fada, tá ceart acu chun cabhair ar leith, dírithe orthu féin, chun post nua a fháil. Glactar leis, nuair a mhaireann dífhostaíocht tamall fada, go gcromann sé ar fhás uaidh féin. Is é atá i gceist ná go gcailleann daoine a muinín, a nósanna oibre, agus a scileanna an oiread sin nach gcuirtear san áireamh ar aon chor iad nuair a tharlaíonn folúntas. Ní aon chabhair dóibh fiú forbairt shubstaintiúil ar an eacnamaíocht náisiúnta. Bíonn gá ag daoine sa chás sin le lámh chúnta ar leith chun éalú ó staid an ''dofhostaithe'';[29] ní mór gach dícheall leis a dhéanamh chun nach ngabhfadh a thuilleadh den mhuintir atá dífhostaithe sa ghearrthéarma an treo chéanna. Cuirimid fáilte ar leith roimh an aird bhreise atá á tabhairt le seal ar fhadhb na dífhostaíochta fadtéarmaí.

125. Gabhann dualgais freisin le cearta seo na ndífhostaithe atá pléite againn. Tá dualgas ar fhir agus ar mhná dífhostaithe, ina

leith féin sa chéad áit agus ansin i leith na sochaí i gcoitinne, a ndícheall a dhéanamh iad féin a oiliúint agus a ullmhú le bheith páirteach sa saol eacnamaíoch. D'fhéadfadh sé a bheith i gceist go gcaithfeadh duine breis oideachais a fháil agus a bheith páirteach i gcúrsaí traenála agus forbartha pearsan. Má tá go leor oideachais orthu cheana, agus go leor scileanna acu, ba chóir dóibh, oiread agus a cheadaíonn a gcúinsí dóibh é – agus is minic na cúinsí sin crapaithe go maith go mór mór de bharr easpa airgid – saol gníomhach in áit saol díomhaoin a chaitheamh, a bheith páirteach in obair dheonach, nó bheith ag forbairt tallann nua agus ábhar nua spéise. D'fhéadfaidís, b'fhéidir, breis a dhéanamh mar thuistí nó i bhfeighil an tí. Is minic gurb é is mó a laghdaíonn deascaí na dífhostaíochta éigeantaí ná an tslí ina n-éiríonn le lánúin a rólanna a mhalartú go tuisceanach.

126. Toisc na dífhostaíochta a bheith chomh hard sin sna hochtóidí chuir na húdaráis phoiblí tús le scéimeanna speisialta ar mhargadh na hoibre le súil le faoiseamh éigin a dhéanamh ar an dífhostaíocht bhreise. Tá a lán den mhuintir dhífhostaithe an-mhíshásta le gnéithe áirithe de na scéimeanna seo: arís agus arís eile ní bhíonn ina gcomhair ag deireadh scéime ach *dole* arís: ní bhíonn sé mar seo ná mar siúd acu, ní bhíonn slándáil iomlán shóisialta acu, ná cearta iomlána fostúigh; is minic nach gcuireann an scéim oiliúint ar bith ar fáil; ní bhíonn aon mhealladh le bheith páirteach sna scéimeanna ag gabháil leis an bpá – ar uairibh is cailliúint airgid a bhíonn de thoradh ar a bheith páirteach.[30] Creidimid gur chóir breis aird a thabhairt ar thaithí na ndaoine a bhíonn páirteach i scéimeanna agus go rachadh sin i bhfeidhm ar phleanáil agus feidhmiú gach scéim speisialta sa mhargadh saothair. Ní foláir do na "páirtnéirí sóisialta" cur chuige níos dáiríre, agus comhar níos dlúithe a dhéanamh leis an gcomhluadar agus leis an earnáil dheonach lena dheimhniú nach é a bheadh sna scéimeanna seo ná "poist bhochta do bhochtáin". Sé an cuspóir bunaidh a ba chóir a bheith ann i gcónaí ná tairbhe na ndífhostaithe seachas an riachtanas polaitiúil go gcaithfear é a bheith le feiceáil "go bhfuil rud éigin á dhéanamh".

127. Tá sé de dhualgas ar dhaoine dífhostaithe a bheith cóir agus ionraic ag plé leis na húdaráis leasa shóisialta agus cánach. Sin mar atá siad ag súil leis a phléifear leo féin. Tá daoine ann atá dífhostaithe ach caighdeán mós ard maireachtála acu mar go bhfuil géillte acu don chathú gan cáin a íoc as airgead atá acu. Bíonn ioncam rialta acu nach gcuirtear in iúl do na húdaráis leasa shóisialta. Ní hiadsan amháin a dhéanann a leithéid. Is é is dóichí ná go bhfuil formhór na hoibre atá ar siúl san eacnamaíocht dhubh á dhéanamh ag daoine le poist.[31] Fiú amháin más daoine fostaithe féin is mó atá ciontach sa tslí seo, ní chiallaíonn sin nár chóir leasuithe a dhéanamh a laghdódh ar an mealladh atá ann caimiléireacht a dhéanamh faoi chúiteamh dífhostaíochta. Má tharraingítear an *dole* go héagórach fágann sin daoine dífhostaithe faoi bhreis amhrais agus iniúchta. Ar na leasaithe is tábhachtaí ar fad tá: go soláthródh an tsochaí go leor ioncaim do dhaoine le maireachtáil le dínit;[32] go gcinnteofaí nuair a fhaigheann daoine post nach mbíonn siad níos measa as ná gan é;[33] go gcuirfí an teist "ar fáil d'obair" i bhfeidhm ar mhodh daonna, á chur san áireamh gur gá do dhaoine dífhostaithe saol suimiúil sásúil a chaitheamh fiú agus iad gan post.

128. An mhuintir go léir a oibríonn le heagrais phoiblí traenála agus fostaíochta, agus ag riar cúiteamh dífhostaíochta, ba mhaith linn iad a spreagadh le go dtuigfidís gur ag obair i gcomhar leis na daoine dífhostaithe atá siad agus iad seo ar thóir bealach éigin lena ngairm chun oibre a fhreagairt agus a shásamh. Is furasta a mheas ar uairibh gur cúiseanna dífhostaíochta na comharthaí sóirt féin (e.g. easpa fuinnimh, easpa poncúlachta) agus go mbeidh daoine áirithe i gcónaí ag brath ar cibé deontas a chastar ina dtreo. Is mó díobháil ná tairbhe, áfach, a dhéanfadh dearcadh cigireach nó pionósach, mar is é toradh gan teip a bhíonn air ná aighneas in áit comhair. Tá gá le misneach agus samhlaíocht chun bealaí eile a aimsiú ina bhféadfadh an tsochaí cabhair a thabhairt don mhuintir dhífhostaithe saol gníomhach sásúil a chaitheamh. Éileoidh sé cluas bheoga le héisteacht, comhairle arís agus arís eile, solúbthacht ag riar deontas agus scéimeanna poiblí. Dealraíonn sé go bhfuil gá le dearcadh níos gníomhaí i leith

riachtanais na ndaoine dífhostaithe in áit an dearcadh fadfhul-aingtheach atá againn. Creidimid go gcaithfidh an tóir ar bhealach chun cinn a bheith bunaithe ar na luacha atá léirithe againn i gCuid a Dó den Tréadlitir seo.

(viii) *Ní Fearr aon Sórt Poist i gCónaí*

129. Ní foláir, ar ndóigh, don Stát gan ligean do dhífhostaíocht ard an lae inniu a bheith ina leithscéal le plé níos mídhaonna leis na daoine ar leith atá dífhostaithe; sa tslí chéanna ní foláir d'fhostóirí gan ligean don líon mór atá ag lorg post a bheith ina leithscéal le drochphoist a dhéanamh de dhea-phoist.

130. Ní hiad na hoibrithe agus a gceardchumainn amháin a shíleann nach cóir cur suas le "tuarastal bochtánach", ach gach fostóir freagrach chomh maith. Déanfaidh drochoibrí den oibrí ar dhrochphá. Bonn míshásúil ar fad faoi aon ghnó atá ag iarraidh brabús leanúnach a chinntiú is ea pá íseal. Tá an ceart ag údaráis phoiblí leis a bheith buartha faoi phá íseal mar goilleann sé ar an tsláinte agus ar an misneach, creimeann sé maoin dhaonna na heacnamaíochta mar go laghdaíonn sé scil agus solúbthacht an oibrí, agus fonn oibre gach duine dhífhostaithe. Ba chóir go mbeadh gach post ina chosaint ar an mbochtanas. Níl aon chiall le bheith ag súil leis go gcuirfeadh an Stát breis le pá íseal (déanann *Breis le hIoncam Teaghlaigh* sa Phoblacht, agus *Creidiúnas Teaghlaigh* i dTuaisceart na hÉireann iomlánú ar phá daoine le cleithiúnaithe atá ar phá íseal), nó go ndéanfadh sé cúiteamh ann (eascrann na coinníollacha riachtanach do roinnt mhaith deontas leasa shóisialta as ioncam íseal) agus nach gceadófaí *veto* dó san am céanna ar cé chomh híseal agus d'fhéadfadh pá dul. Caithfidh aon sochaí Chríostaí a bheith buartha faoi íosmhéid pá. Ní féidir an pá a nglactar leis de ghnáth mar phá sásúil a dhiúltú do chumas oibre aon fhostúigh cibé bealach ina gcinntítear sin.

131. Tá gné chasta den chonradh oibre ag borradh go tapa le déanaí; "conradh eisceachtúil" a thugtar anois ar an sórt seo

conartha. Bíonn sé i gceist i gcás oibre páirtaimseartha nó oibre tréimhsí, fochonraitheoireacht, obair lonnaithe sa bhaile, obair trí mheán gníomhaireachtaí.[34] Ina theanntasan tá an líon daoine atá ag athrú ó fhostaíocht ag daoine eile go féinfhostaíocht ag dul i méid.

132. Ar an taobh deimhnitheach de, cuireann an ilghnéitheacht seo breis rogha agus solúbthachta ó thaobh oibre agus ama ar fáil do dhaoine. D'fhéadfadh sé seo a bheith ina bhealach chun an teicneolaíocht nua eolais a chur chun tairbhe an duine dhaonna á chur athuair i gceannas ar chúrsaí. D'fhéadfadh sé freisin an margadh oibre a dhéanamh níos solúbtha agus forbairt eacnamaíochta a bhrostú. Ar an taobh diúltach, áfach, d'fhéadfadh fostóirí, agus eagrais phoiblí san áireamh, feidhm a bhaint as d'aon ghnó le costais a laghdú. Bíonn dhá mhargadh difriúla oibre ann dá bharrsan. Treisíonn sé leis an deighilt i ngnóthaí móra idir na fostaithe sa chroílár agus iad siúd ar an imeall. Sa chroílár bíonn foireann lánaimsire ar thuarastal ard a bhfuil an comhlacht tógtha leo agus a dtugann sé caoi oiliúna dóibh go leanúnach agus ar leasc leis iad a scaoileadh chun siúil. Ar an imeall ansin bíonn na hoibrithe "somhalartaithe" ar chonradh sealadach agus/ nó páirtaimsireach, nó gan a bheith ar liosta fostaíochta an chomhlachta ar aon chor ach ar liosta fochonraitheora, agus gan aon fhreagracht á brath ag an gcomhlacht ina leith ach iad ag íoc a laghad agus is féidir leo. Ní foláir súil ghéar a choimeád ar na forbairtí seo agus a n-éifeacht ar an eacnamaíocht agus ar an tsochaí a mheá go cruinn.

133. Is ar na mná is mó a ghoilleann an éiginnteacht a ghabhann le fostaíocht "eisceachtúil" chonartha. Tá sé ar cheann de na drochthorthaí ar an dífhostaíocht ard sa tír seo gurb é is cúis, fara nithe eile, gur ag mná in Éirinn atá an ráta is ísle fostaíochta sa CE. Creidimid go daingean gur chóir barr measa a bheith ar ghnó lánaimsire na máthar sa bhaile – agus go deimhin an dála céanna i gcás an athar nuair a bhíonn sin i gceist. Creidimid leis, áfach, gur chóir gur de thoradh rogha deonaí a bheadh sin i gceist. Níor chóir go mbeadh bacanna i margadh na hoibre a choimeádfadh mná sa bhaile. Ar na bacanna sin tá, gurb ar na mná is déine a

luíonn sciúirse an drochphá, gurb iad is mó a bhíonn ar fhostaíocht pháirtaimsireach, go mbíonn siad gafa go minic i gcúinsí nach mbíonn aon soláthar do chúram clainne iontu, agus go bhfuil a leibhéal pá i gcoibhneas le fir gan ardú thar timpeall dhá dtrian le blianta beaga anuas. Ní féidir cur suas leis gur ar na mná ag obair is mó a bheadh iarrachtaí na bhfostóirí ar chostais a choimeád íseal agus iarrachtaí na n-údarás poiblí ar líon na ndaoine ar an gClár Dífhostaíochta a shrianadh, ag goilliúint. Ní féidir cur suas leis ach chomh beag go gcuirfeadh ioncam íseal an teaghlaigh d'iallach ar mháithreacha ar mian leo obair go lánaimsireach sa bhaile dul amach ag tuilleamh.

134. Is dúshlán mór é d'fhostóirí, d'oibrithe, do cheardchumainn agus do na húdaráis phoiblí, slite a aimsiú le baint ó drochthorthaí na hoibre "eisceachtúla" agus le cur lena dea-thorthaí, go mór mór agus an sórt seo oibre ag leathnú chomh rábach. Tá an réiteach thar a bheith tábhachtach do leas ár n-eacnamaíochtaí agus do shláinte ár sochaithe. Is beag is fiú breis solúbthachta sa mhargadh oibre mura mbíonn i gceist ach cibé cosaint atá ag an dream is leochailí a scuabadh chun siúil.

"... ní hé an brabús an t-aon slat tomhais ar staid comhlachta. D'fhéadfadh cúrsaí airgid a bheith go seoidh, ach na daoine – agus is iadsan an mhaoin is luachmhaire de chuid an chomhlachta – a bheith maslaithe, gan dínit. Seachas é seo a bheith in aghaidh na moráltachta, déanfaidh sé díobháil ar deireadh thiar do chumas eacnamaíoch an chomhlachta. Déanta na fírinne, ní hé an brabús amháin is cuspóir d'aon chomhlacht gnó, mar gurb é atá ann ná *comhluadar daoine* atá ag iarraidh a riachtanais bhunaidh a shásamh ar bhealaí difriúla, agus gur aonad ar leith iad faoi réir ag an tsochaí ina hiomláine" (*Centesimus Annus* §35; linne an bhéim).

TAGAIRTÍ

1. Féach ailt 51, 56-57, 60, 68-69, 73, 76-79.
2. An Pápa Pól VI, *Octogesima Adveniens* (*Cuimhiúchán ochtó bliain*), 15 Bealtaine 1976, Londain, Catholic Truth Society.

3. Tá plé ar "Ag dul ó phrionsabal go polasaí" ag Comhdháil Náisiúnta Easpaig Chaitliceacha na Stát Aontaithe in *Economic Justice For All: Pastoral Letter on Catholic Social Teaching and the US Economy*, op cit, Caib III §§134-135.

4. Ar na samplaí tá: Industrial Policy Review Group, *A Time for Change: Industrial Policy for the 1990's* (The Culliton Report), Baile Átha Cliath: Oifig Foilseacháin Rialtais, 1992; Northern Ireland Economic Council, *Economic Strategy in Northern Ireland*, Béal Feirste: Northern Ireland Economic Development Office 1991 (Report 88); K. A. Kennedy, T. Giblin and D. McHugh, *The Economic Development of Ireland in the Twentieth Century*, London and New York: Routledge, 1988; National Economic and Social Council, *Ireland in the European Community: Performance, Prospects and Strategy*, Baile Átha Cliath: National Economic and Social Council, 1989 (Report No.88); National Economic and Social Council, *A Strategy for the Nineties; Economic Stability and Structural Change*, Baile Átha Cliath: National Economic and Social Council, 1990 (Report No. 89).

5. Shíl Easpaig na Stát Aontaithe, mar shampla, go raibh an dífhostaíocht ar an réimse bhunúsach de shaol eacnamaíoch na Stát Aontaithe a bhí ag éileamh aird a thabhairt uirthi i dTréadlitir na bliana 1986, mar go raibh an dífhostaíocht ardaithe go dtí sé faoin gcéad, leibhéal ". . . nach bhféadfaí cur suas leis fiche bliain ó shin" (Comhdháil Náisiúnta Easpaig Chaitliceacha na Stát Aontaithe, op cit, Caib I, §15).

6. Ba é meánráta dífhostaíochta na Fionlainne sa tréimhse 1980-1989 ná 4.9 faoin gcéad, meánráta na Seapáine 2.5 faoin gcéad, agus na hÉireann 15.2 faoin gcéad! (OECD, *Employment Outlook*, Iúil 1991, Paris: Organisation for Economic Co-operation and Development, Tábla 2.7, lch 40).

7. In 1991, mar shampla, bhí beirt is fiche eile ag brath ar gach deichniúr a raibh post acu, bhí fiche duine i dTuaisceart na hÉireann, ach i gcás na Danmhairge, ní raibh ach naonúr.

8. Sa tréimhse 1968-1973, bhí meánráta fáis fostaíocht na hÉireann ar an gceann is lú de na tíortha seo a leanas: An Ostair, an Danmharg, an Fhionlainn, Éire, an Ollainn, an Iorua, an tSualainn, an Eilbhéis; sa tréimhse 1973-1979, d'ardaigh ár ráta fáis san fhostaíocht go sealadach go dtí an tríú háit, ar chúl na hIorua agus na Sualainne (iasachtaí ollmhóra nárbh fhéidir a iompar i bhfad ba chúis leis seo); sna hochtóidí, d'fhill an ráta fáis go dtí bun an ghrúpa (OECD, op cit, Tábla 2.5, lch 36).

9. Ceann de na deacrachtaí a bhí ag gabháil le réiteach na Tréadlitreach seo, agus Cuid a Trí di go háirithe, ab ea go raibh imeachtaí corraithe ag cur isteach gan stad ar an eacnamaíocht dhomhanda agus ar eacnamaíocht na hÉireann; bhí gach imeacht ag cur leis na héiginnteachtaí agus uaireanta ag spreagadh polasaithe nua nó ag brostú beartaíochta nach raibh ach á plé roimhe sin. Beidh súil ghéar, mar shampla, á coimeád ag daoine le spéis san ábhar ar an gcaoi a láimhseálfar agus a gcuirfear i bhfeidhm an ciste nua cothromais £150m, atá á chur ar fáil chun gnóthaí beaga a mhéadú nó a bhunú (fógraíodh Lúnasa 1992), ciste atá le riaradh ar bhonn contae. Beidh súil ghéar acu leis ar conas mar a

chuirfear i bhfeidhm cibé conclúidí a bheidh ag teacht as an gcomhscéim thaigde atá ar siúl idir an *Northern Ireland Economic and Social Research Centre* (NIERC) agus an *Economic and Social Research Institute* (ESRI) sa Phoblacht faoi bhealaí chun an dá eacnamaíocht sa tír seo a fhí níos dlúithe le chéile (cuireadh tús leis Meán Fómhair 1992). Ba chóir,i gcoitinne,go mbeadh an-spéis phoiblí ar fad ag an bpobal sa tslí ina bhfuil Tuairisc Chulliton á cur i bhfeidhm agus na torthaí a leanfaidh as sin.

10. Tá aguisín ar leith ar thionscal bia na Poblachta in *A Time for Change: Industrial Policy for the 1990's* (Tuairisc Chulliton). Impíonn sé go n-aontófaí earnálacha difriúla thionscail na talmhaíochta agus an bhia le chéile níos fearr agus go mbeadh breis físe, comhair, agus comheagair ag baint leis an iarracht (Féach Industrial Policy Review Group, op cit, Aguisín, "The Food Industry" lgh 87-104). Molann an *Northern Ireland Economic Council* an sórt céanna polasaí do thionscal an bhia i dTuaisceart na hÉireann, agus leagann siad béim ar an ngá atá le comhaontú comhlachtaí le go mbeidís ar scála eacnamaíoch. (Féach Northern Ireland Economic Council, *The Food Processing Industry in Northern Ireland*, Béal Feirste: Northern Ireland Economic Development Office, 1992, Report 92).

11. Tá fianaise ar fáil go bhfuil snáithe logánta na hearnáile iasachta, an méid is é sin a cheannaíonn sí ó earnálacha den eacnamaíocht dhúchais, ag dul i laige, in áit a bheith ag neartú le blianta beaga anuas. Cruthaíonn aighneacht an Bhanc Ceannais sa bhliain 1991 é sin (Féach An Banc Ceannais, *Submission on Industrial Policy: A Report to the Industrial Policy Review Group*, Baile Átha Cliath: Oifig Foilseacháin Rialtais, 1992, lgh 27-35).

12. Mar seo a dhúnann Caibidil 4 de Thuairisc Chulliton: "Níl aon réimse eile ina bhfuil sé ar chumas an Rialtais leasú uileghabhálach éifeachtach a chur i bhfeidhm a chothódh eacnamaíocht fhiontrach seachas cúrsaí cánach" (Industrial Policy Review Group, op cit, lch 41).

Chruthaigh staidéar OECD ar rátaí cánach imeallacha (foilsíodh, Fómhar 1986) nach raibh aon cheann eile de na 24 tíortha san OECD a raibh córas cánach a bhí chomh claonta sin in aghaidh na hoibre is atá córas na hÉireann (ailléidte in An Banc Ceannais, op cit, lch 29).

13. Patrick J. Wright, "The Challenge of the Single Market", *CII Newsletter*, iml. 55, Uimh. 19, 17ú Nollaig 1991, lgh 1-3. Féach leis *Ireland in Europe: A Shared Challenge – Economic Co-operation on the Island of Ireland in an Integrated Europe*, Baile Átha Cliath: Oifig Foilseacháin Rialtais, 1992.

14. Féach *Programme for Economic and Social Progress*, Baile Átha Cliath: Oifig Foilseacháin Rialtais, 1991, lch 87.

15. Seo sampla de chonclúid meáite faoi cad a bhféadfaí a bheith ag súil leis ó infheistiú idirnáisiúnta sa Tuaisceart: "Seachas samplaí fánacha, is é a bhíonn i gceist i gcás beartas infheistíochta mór anall thar lear go Tuaisceart na hÉireann ná mar a bheadh craobh nó láthair cóimeála gan ar a chumas aon straitéis neamhspleách a chur i bhfeidhm. Ina theannta-san bhíonn a leithéid ar na beartais is lú ina réimse agus i mbaol a ndúnta nuair a lagaíonn an margadh nó go

n-athraíonn an comhlacht bunaidh a mhodh nó a ábhar táirgthe. . . . . Tá páirt mhór ag infheistiú ó lasmuigh i bhforbairt na heacnamaíochta, ach is mar *aguisín* é leis an bpríomhchospóir, is é sin déantúsaíocht bhaile a fhorbairt, agus *mar chuid d'fhorbairt aontaithe*" (Northern Ireland Economic Council, *Economic Strategy in Northern Ireland*, op cit, §6.45, lch 67; linne an bhéim). Féach leis Northern Ireland Economic Council, *Inward Investment in Northern Ireland*, Béal Feirste: Northern Ireland Economic Development Office, 1992 (Report 99).

16.  "Níl ár ndóthain dár sárdhaltaí á mealladh chun saoil na déantúisíochta, ná na fiontraíochta. Idir 1971 agus 1986 chuaigh líon na gcuntasóirí i méid faoi bhreis is a trí, agus líon na gceantálaithe agus na ndlíodóirí faoi dhó, ach líon na n-innealltóirí faoi níos lú na caoga faoin gcéad. Fág go bhfuil cuntasóirí agus dlíodóirí de dhíth ar Éirinn dála gach sochaí eile, is deacair cur in aghaidh an tátail nach bhfuil go leor dúthrachta á chaitheamh in Éirinn le gnóthaí atá táirgiúil, dírithe ar dhéantúis agus faoi ghriogadh an mhargaidh" (Industrial Policy Review Group, op cit, lch 22). "Is deacair claonta den sórt sin i roghnú slí bheatha a mhíniú i dtír a bhfuil gá aici lena bonn tionscalaíochta agus a margadh onnmhairíochta a neartú. Is dócha gur cuid den chúis é a chasta agus atá an córas cánach agus na rialacha eile Stáit a éilíonn níos mó agus níos mó de chomhairle phroifisiúnta de gach sórt. Dealraíonn sé, i gcoitinne, go bhfuil luach saothair níos fearr ag dul do . . . (ghníomhaíocht a roinneann maoin atá ann cheana féin.i. 'tóraíocht chíosa') ná d'obair tháirgiúil" (The Central Bank, op cit, §19, lch 14).

"Tá an rath ar thionscal an 'tseachaint chánach' a bhíonn ag iarraidh an córas a láimhseáil sa tslí is tairbhí mar go bhfuil an córas féin chomh lochtach. Luíonn sé le réasún go dtabharfadh gach bainistíocht ghnó aird air . . . Déanann aimhrialtachtaí cánach maoin agus dícheall a mhealladh i dtreo réimsí nach dtuillfeadh an aird seo go léir de réir caighdeáin éifeachta gnó nó polasaí thomhaiste". (Miriam Hederman O'Brien, "The Role of Taxation in the achievement of Social Justice", in Michael Reidy and Domhnall McCollough (eag.), *Principles and Profit: Corporate Responsibility in Ireland*, Baile Átha Cliath: Columba Press, 1992 lgh 69-70).

17.  Féach *Laborem Exercens* §14 do phlé ar a thábhachtaí atá sóisialú sásúil ar na meáin táirgíochta.

18.  Féach *Northern Ireland Expenditure Plans and Priorities: The Government Expenditure Plans 1992/93 – 1994/4*, Londain: HMSO, Feabhra 1992, lch 155; T.J.Barrington, "Local Government Reform: Problems to Resolve" in James A. Walsh (eag.) *Local Economic Development and Administrative Reform*, Baile Átha Cliath: Regional Studies Association (Irish Branch), 1991, Tábla 3, lch 57; fíricí meastacháin don Phoblacht (1992) ón Roinn Imshaoil, agus ón Roinn Airgeadais, *Economic Review and Outlook 1992*, Baile Átha Cliath: Oifig Foilseacháin Rialtais, lch 41.

19.  Tá páirt mhór ag prionsabal an fhóirchúnta sna díospóireachtaí laistigh den CE faoi láthair, ach bhí sé le tuiscint cheana féin sa phlé a rinne an Pápa Leo XIII

ar dhualgais an tsaoránaigh agus an Stáit nuair a chuir sé tús le fógairt theagasc sóisialta nua-aimsire na hEaglaise in 1891. Ba é an Pápa Pius XI, áfach, a chuir i bhfocail go beacht é in 1931 (Féach *Quadragesimo Anno (The Social Order)*, 15 Bealtaine 1931, §79. Luaitear tábhacht an phrionsabail arís i ndoiciméid níos déanaí de theagasc sóisialta na hEaglaise (Féach an Pápa Eoin XXIII, *Mater et Magistra (New Light on Social Problems)*, 15 Bealtaine 1961, §53, §117, agus *Gaudium et Spes (Pastoral Constitution on the Church in the Modern World*, §86c.).

20. Labhraíonn an *Northern Ireland Economic Council* go soiléir ar an gceist seo: "Cuspóirí uaillmhianacha a chuireamar roimh straitéis eacnamaíochta an Chúige. Éilíonn na cuspóirí sin athbhreithniú bunúsach ar an gceangal idir an tslí ina ndréachtar polasaithe agus ina gcuirtear i bhfeidhm iad sa réigiún agus ag an Rialtas láir. Má tá Tuaisceart na hÉireann le hiarracht a dhéanamh ar fhorbairt i bhfad níos tapúla ná an eacnamaíocht náisiúnta . . . ní mór don Chúige an tsaoirse a bheith aige a ghnóthaí a riar ar bhealaí a d'fhéadfadh a bheith difriúil ar fad ó mar a dhéantar in áiteanna eile sa Ríocht Aontaithe (North Ireland Economic Council, *Economic Strategy in Northern Ireland*, §7.7, lch 76).

"Taispeánann samplaí idirnáisiúnta leis gur féidir daonlathas logánta agus dul chun rathúil san eacnamaíocht náisiúnta gabháil céim ar chéim. Sa Danmharg, mar shampla, mar a bhfuil an tOll-Táirgeadh Náisiúnta in aghaidh an duine i bhfad níos airde ná in Éirinn ". . . tá breis is dhá oiread de sheans ag Dan-mhargach go dtoghfaí é/í chun seirbhís phoiblí na Danmhairge ná a leithéid in Éirinn . . ." mar go bhfuil an coibhneas idir daonra agus suíocháin comhairle i bhfad níos fearr. (Féach T. J. Barrington, "The Future of Local Democracy" in Nuala Rearden (eag), *Is There Local Democracy North or South?* Proceedings of the Social Study Conference, August 1991, published by Social Study Con-ference, 1992). Féach leis Michael J. Bannon, "The Role of Local Government in Local Economic Development" in James A. Walsh (eag), *Local Economic Development and Administrative Reform*, op cit.

21. "Bhrúigh an polasaí réigiúnach a lán de na monarchana mós simplí agus aontáirgeach, cinn nár ghá dóibh a bheith gairid d'ardoifigí ná do phríomhmhonarchana comhlachtaí, amach ar an imeall. Ach níor chorraigh sé ceanncheathrúna corporáidí, foirne riaracháin sinsireacha, ná foirne taighde agus forbartha, nithe a d'fhan, i gcoitinne, san Oirthear mór Theas" (Stephen Fothergill agus Nigel Guy, *Branch Factory Closures in Northern Ireland*, Béal Feirste: Northern Ireland Economic Research Centre, 1990).

22. "D'fhéadfadh sé go mbeadh easpa na scileanna fiontraíochta i limistéirí tuaithe sa ghearrthéarma ina bhac ar ghlacadh leis an maoin nua bhreise atá á cur ar fáil d'fhorbairt tuaithe, agus ar fheidhm thairbheach a bhaint aisti . . . Tá a fhios againn go léir cé chomh deacair is atá sé beartais logánta aontaithe a dhréachtadh. Is gnó nua é do fhormhór na bpobal agus brú tréan orthu a ngníomhaíocht a athrú agus ilghnéitheacht bhreise a chur san eacnamaíocht logánta; d'ainneoin an Clár Oibre d'Fhorbairt Tuaithe, agus clár *Leader*, ní féidir dáiríre lena lán limistéirí an mhaoin chomhfhreagrach, agus cláracha

inghlactha a sholáthar ar iompú na boise" (Brendan Kearney, "Impact of Current Policies and Structures", páipéar do "Developing the West Together" seimineár urraithe ag Easpaig Iarthar na hÉireann, Gaillimh 4-5 Samhain, 1991).

"Is deacair do dhaoine a raibh a bpríomhfhoinse ioncaim leis na glúinte fite le . . . (gníomhaíochtaí lárnacha talmhaíochta) a thuiscint i gceart go n-éileoidh an todhchaí malartú agus solúbthacht de réir mar fheicfear cad iad na acmhainní agus na deiseanna a bheidh ar fáil dóibh" (An Chomhairle um Leas Sóisialta, *Unemployment, Jobs and the 1990s*, op cit, §74, lch 34).

23. I measc na samplaí tá údaráis thithíochta a thug poist pháirtaimsire nó lánaimsire do mhuintir na háite a bhí dífhostaithe, poist i scéimeanna nua ar fad lena dtithe agus a dtimpeallacht a fheabhsú nó a choimeád suas; údaráis sláinte a d'fháilteodh roimh sheirbhís áitiúil cúnamh baile mar fhoinse luachmhar fostaíochta seachas mar bhealach cnuaisciúnta chun cúram pobail a chur ar fáil.

24. Féach an t-eagras *Business in the Community* sa Ríocht Aontaithe. Tá fáilte roimh an earnáil phríobháideach agus í ag tabhairt freagra logánta ar an dífhostaíocht fhadtéarmach sa Chlár Forbartha Eacnamaíoch agus Sóisialta (1991). Tá súil againn go mbeidh sé sin agus an tIontaobhas Fiontraíochta atá gaolmhar leis ina gcéim nua chun cinn ag cothú freagrachta sóisialta corporáidí in Éirinn.

25. Tá dearcadh saineoiaí ar thábhacht chomhtheács na hEorpa do Thuaisceart na hÉireann le fáil in Northern Ireland Economic Council, Northern Ireland: *A Decade for Decision*, leis an Dr. George Quigley, Annual Sir Charles Carter Lecture, 25 Feabhra 1992, Béal Feirste: Northern Ireland Economic Development Office, 992 (Report 95). San aitheasc sin pléitear freisin le fiontraíocht ghnó agus an gá atá le comhaontas ag riaradh cúrsaí eacnamaíochta Thuaisceart na hÉireann.

26. Labhraíonn Easpaig na hEorpa linne sa tír seo freisin sna focail seo:

"Agus sinn ar thairseach an tríú míle bliain, tá an Eoraip ag gabháil trí imeachtaí neamhghnácha agus tá lámh thrócaireach Dé le brath geall leis agus í sínte amach go dtí an cine daonna go léir, a chlann . . . Dúinne Críostaithe, taispeánann na himeachtaí seo *kairos* fírinneach i stair an tslánaithe, agus is dúshlán mór iad chun obair athnuaite Dé a chur chun cinn, obair a bhfuil dán na náisiún ag brath uirthi thiar ó dheireadh". (Cruinniú Speisialta don Eoraip de Shionad na hEaspag, 1991; Fógra Clabhsúir "Bheith inár bhFinneithe do Chríost a Shaor Sinn," *Catholic International*, iml. 3, Uimh.5, 1-14 Márta 1992, lgh 211-212).

27. Féach National Economic and Social Council, *A Strategy for the Nineties: Economic Stability and Structural Change*, op cit, Tábla 6.5 lch 171.

28. Féach An Chomhairle Um Leas Sóisialta, *Emerging Trends in the Social Welfare System?* Baile Átha Cliath: The Council for Social Welfare, 1992, lgh 2-5.

29. *Our View at Last, The Oval Report*, Dublin: Tallagh Centre for the Unemployed, 1992.

30. Thaispeáin taighdeadh a rinneadh ar cheithre ghrúpa déag samplacha ó limistéirí míbhuntáisteacha i mBéal Feirste go raibh, maidir le scéimeanna traenála agus tionsnaimh dá sórt . . . "roinnt mhaith míshástachta, cráiteachta, agus díomá". Ar na gearáin a rinneadh bhí "gurbh shuarach an mhalairt iad ar mhodhanna níos traidisiúnta traenála..''; an drochmhisneach a chuireann scéimeanna suaracha orthu; nach raibh "aon tábhacht dáiríre leis na scéimeanna mar nach raibh iontu ach cleas chun figiúirí na dífhostaíochta a laghdú . . .," agus gur poist a bhí de dhíth dáiríre. Thug lucht scríofa na tuarascála chun cuimhne focail a dúirt taighdeoir eile níos luaithe: "Gach doras a osclaíonnn siad, ní sheolann sé in aon áit iad. Tá na scéimeanna seo gan stad ag cur forsheomra roimh fhorsheomra, agus nílid ach ag ceilt an diúltú deiridh" (Northern Ireland Voluntary Trust, op cit, Cuid I, lch 25).

31. Is é atá á ngriogadh, ar ndóigh, ná an ráta ard cánach imill a bheadh ag bagairt orthu. Ach tá a lán daoine dífhostaithe ina gcónaí i limistéirí dealbha áiteanna nach bhfuil ach an beagán airgid ar cúrsaíocht iontu, agus iad gan caidreamh cúntach, gan teacht ar uirlisí ná córas taistil, nithe a d'éileodh spidireacht rialta. (Féach An Chomhairle um Leas Sóisialta, *Unemployment, Jobs and the 1990s*, op cit, alt 114, lch 50).

32. Sé bliana tar éis foilsiú Tuairisc an Choimisiúin um Leas Sóisialta a cheap an rialtas, agus a rinne scrúdú *inter alia*, ar shásúlacht na n-íocaíochtaí leasa shóisialta, ní raibh ach ocht déag faoin gcéad díobh siúd a bhí ag fáil a leithéid a raibh íocaíocht sheachtainiúil acu a shroich an ísmhéad a moladh, agus ní raibh an mhuintir a bhí ag fáil cúiteamh dífhostaíochta ina meascsan. (Féach Jo Murphy-Lawless, The Adequacy of Income and Family Expenditure, op cit, lch xi).

33. Tá anailís bheacht ar an éifeacht atá ag pá íseal ar thaobh amháin agus na córais leasa shóisialta agus cánach ar an taobh eile, sa Deisceart, ar fáil in John Blackwell, "Family Income Support: Policy Options" in Brigid Regnolds SM agus Sean J Healy SMA (eag.), *Poverty and Family Income Policy*, Papers of a Social Policy Conference, Baile Átha Cliath, 30 Meán Fómhair, 1988, Baile Átha Cliath: Conference of Major Religious Superiors (Ireland), 1988, agus in National Economic and Social Council, *A Strategy for the Nineties: Economic Stability and Structural Change*, op cit, lgh 208-226.

34. Tá anailís uileghabhálach ar fhorbairt na hoibre páirtaimsire i dTuaisceart an hÉireann le fáil in Northern Ireland Economic Council, *Part-Time Employment in Northern Ireland*, Béal Feirste Northern Ireland, Economic Development Office, Deireadh Fómhair 1992 (Report 98).

# CUID A CEATHAIR

## *An Spioradáltacht: Spioradáltacht don Dúshlán*

135. Baineann sé leis an Eaglais go léir agus le gach ball di fianaise a thabhairt ar dhínit na hoibre daonna agus maireachtáil de réir suáilce an dlúthchomhair anois agus an dífhostaíocht agus an imirce ag bagairt. Tá dualgais dhifriúla le comhlíonadh ag daoine difriúla de réir na dtíolacthaí difriúla a bronnadh orthu (cf 1 Cor 12:4-11).

136. Tá iarracht á déanamh againne, Easpaig, sa Tréadlitir seo ar ár gcuid féin a dhéanamh mar theagascóirí ag réiteach fadhbanna na dífhostaíochta agus na himirce. Ach ní mór don Eaglais ina h-iomláine, do Phobal Dé is é sin, a bhfuil a baill leata ar fud na tíre agus i ngach réimse den saol, dul níos sia ná focail amháin. Caithfidh sí dul i bhfeidhm go réadúil ar chúrsaí eacnamaíochta, sóisialta, agus polaitíochta. "Tá glaoite ar . . . Easpaig, ar chléirigh, ar lucht na beatha rialta agus ar thuataí . . .níl sé de cheart ag aon duine fanacht díomhaoin".[1] Ag cur a bhfuil ráite sa Tréadlitir seo i bhfeidhm, ba mhaith linn na tuataí a spreagadh chun ceannródaíocht a dhéanamh.

"Is é a ngnó gan bheith ag feitheamh go socair le horduithe agus treoracha, ach dul i mbun birt go deonach agus spiorad agus meon Críostaí a chur i bhfeidhm ar dhearcadh, ar nósanna, ar dhlíthe agus ar struchtúir an chomhluadair lena mbaineann siad. Tá gá le hathruithe; tá dianghá le leasuithe bunúsacha; ba chóir do thuataí a bheith ar a gcroídhícheall chun spiorad an tSoiscéil a fhí isteach iontu." (*Populorum Progressio* §81).

137. Ní bheidh sé seo furasta. Ní haon dóichín mar chuspóir é an dífhostaíocht in Éirinn a laghdú, ach is féidir é sin a chur i gcrích.

Is é a dhéanann crua é ná go n-iarrtar ar gach duine againn, ar gach grúpa, ar gach gníomhaireacht, athrú éigin a dhéanamh. Mura mbeadh go bhfuil an chuid is mó againn inár suí go te bheadh ár sochaí stollta óna chéile ag dífhostaíocht ard an lae inniu. Is fusa na hathruithe ba chóir do dhaoine eile a dhéanamh a fheiceáil ná iad siúd ar chóir dúinn féin a dhéanamh; is furasta méar a chur ar na nithe ba chóir do dhaoine eile a dhéanamh, ach leithscéal a ghabháil faoinár bhfaillí féin.

138. Is é an pointe tosaigh bunúsach ná croí agus aigne an duine aonair. "An bealach crua seo chun struchtúir an tsaoil eacnamaígh a athrú, rud a bhfuil dianghá leis, ní bheidh sé furasta é a thaisteal gan fíorathrú aigne, tola agus croí" (*Redemptor Hominis,* §16).

139. Is é an chéad achainí a dhéanaimid dá bhrí sin ar gach uile dhuine: d'fhonn nach mbeifeá i do chuid den fhadhb, ach i do chuid den réiteach, téigh i muinín Chríost! Lig do Chríost " . . . siúl leat . . . ar chosán na beatha, le cumhacht na fírinne faoin . . . (bpearsa dhaonna) agus faoin saol atá cuimsithe i rúndiamhair an Ionchollaithe agus an tSlánaithe, agus le cumhacht an ghrá a scaipeann an fhírinne sin" (*Redemptor Hominis*, §39).

140. An mhuintir a osclaíonn a gcroí agus a n-aigne do Chríost, don dlúthchompánach sin a thriallann ar ród na beatha leo, bíonn sprioc acu ina saol, sprioc níos doimhne agus níos buaine ná aon ní ar féidir d'aon phost a thabhairt, sprioc chomh tarraingteach sin go mbíonn ar a gcumas fianaise a thabhairt ar dhínit na hoibre daonna, is cuma cén post a bhíonn acu, nó fiú má bhíonn siad dífhostaithe féin.

141. Agus cluas le héisteacht againn, ba é ár bpribhléid tuiscint éigin a fháil ar an bhfírinne seo i saol daoine difriúla. Dá mhéid í an fhadhb, tá a fhios againn go mbíonn an Eaglais i láthair sa seomra boird agus sa scuaine *dole*. Tá fir agus mná baiste agus cóineartaithe, lán de thiolacthaí an Spioraid Naoimh, a chreideann i dteachtaireacht an tSoiscéil, i láthair i ngach áit, agus fonn

orthu slite a aimsiú le fianaise a thabhairt do dhínit na hoibre daonna agus do chleachtadh suáilce an dlúthchomhair.

142. Tugann an fhianaise agus an cleachtadh seo ina ngnáthshaol caoi do dhaoine a bheith páirteach dáiríre i *gcáisc* an Tiarna. Ciallaíonn sin gur féidir don duine aonair a bhrath cad é go díreach é bás a fháil duit féin agus maireachtáil ar mhaithe le daoine eile i gcumhacht an Spioraid a bhronnann Íosa. Tá dhá shlí ina dtarlaíonn sé seo dá lán daoine, nuair a chomhlíonann siad dualgais a bpoist go beacht agus nuair a éilíonn siad go mbeadh airgead poiblí faoi dhea-mheas.

## (i) *Spioradáltacht na hOibre*

143. Tá an-bhaol ann inniu, i ngach post agus i ngach gairm, gurb é an t-airgead a thuillfidís an t-aon bhonn a bhíonn faoin rogha saothair a dhéantar agus an luach a chuirtear air. Glactar leis gurb é atá in obair, i scileanna, in eolas, agus i dtaithí sa chéad áit ná meán chun breis maoine a chnuasach. Nuair is é sin an tuairim choiteann éilíonn sé misneach a chinntiú gur ag baint le daoine atá obair sa chéad áit, ag baint le caidreamh le daoine agus le fónamh do dhaoine, agus an t-oibrí féin ag forbairt níos fearr mar dhuine daonna san am céanna. Ní foláir go dtuillfeadh post tuarastal cóir, ar ndóigh, ach ní tuilleamh amháin cuspóir na beatha, ach freastal, agus i gcás na gCríostaithe is meán fíor-thábhachtach chun freastal ar dhaoine eile é a bpost. Tá a fhios acu go bhfuil a gcuid oibre luachmhar ann féin, mar gurb é *a gcuid féin é*, agus go gcuireann sé in iúl a ngrá do dhaoine eile, agus a meas ar an gcruthaíocht agus ar a bpáirt bheag féin inti.

144. Má bhíonn an dearcadh seo ag daoine ar an obair, ciallaíonn sé go bhfuil siad ag seasamh ar charraig (Mth 7:24-25). Ní bheidh siad ar adhastar ag cibé rud a fheictear atá á dhéanamh ag gach aon duine eile,[2] ach beidh ar a gcumas, sa láthair oibre agus tríd an láthair oibre, ceist a chur, mar shampla, faoi na héilimh atá á ndéanamh ag a ngrúpa féin ar airgead poiblí, nó ar ragobair rialta a bheith ar fáil doibh.

## (ii) *Meas ar Mhaoin Phoiblí*

145. Is cuma cén sórt déantúis páirtithe a bhíonn ag rialtas inniu, is eagraíocht chasta í an tsochaí thionscalaíoch nua-aimsire, agus cuirtear comhar agus comhfhreagracht na milliún duine i bhfeidhm trí bheartaíocht airgeadais (cánacha agus caiteachas poiblí) údarás poiblí. Is é/í an Críostaí is túisce a bheidh míshásta le samplaí de mhí-éifeacht phoiblí nó d'iomrall sprice. Ach san am céanna, is é/í an duine deireanach é/í a ghlacfaidh le díomá agus míshásamh le pearsana poiblí nó le polasaithe poiblí mar leithscéal d'ísliú caighdeáin maidir le híoc cánacha nó úsáid maoine poiblí. Níl ann ach leithscéal, agus ionsaí doicheallach ar an mhaith choiteann a mheas go bhfuil sé dleathach an t-airgead seo a thógaint, nó gan é a dhíol mar "táim féin chun é a úsáid ar bhealach níos freagraí ná mar a dhéanfadh an rialtas." Tá ar a gcumas ag Críostaithe a fheiceáil gurb é atá in airgead poiblí ná ioncam a ndeartháireacha agus a ndeirfeáracha atá dífhostaithe, nó an deontas a choimeádfaidh grúpa sa chomhluadar le chéile, nó infheistíocht a sholáthróidh poist do dhaoine eile.

146. Sa Phoblacht tá a lán díobhála ar fad á dhéanamh ag éiginnteacht agus amhras faoi íoc cánacha nó faoi cheart daoine chun deontais phoiblí. Tá coibhneas ard thar meon cleithiúnais ann mar go bhfuil an oiread sin den óige imithe thar lear, an dífhostaíocht sa bhaile chomh hard, agus ráta an-íseal páirtíochta ag na mná san fhostaíocht.[3] Nuair a chuirtear san áireamh ina theannta-san go léir an tslí snagach inar fhorbair an córas cánach lena eisceachtaí agus lena chúitimh don iliomad grúpaí le spéiseanna ar leith, agus an cúngú a dhéanann sin ar bhonn na cánach, is léir gur gá ionracas morálta agus misneach sa Phoblacht inniu chun an urraim is dual a thabhairt d'airgead poiblí.

## (iii) *Ríocht Dé á Cur chun Cinn*

147. An fhianaise atá le tabhairt ag Críostaithe i saol na hoibre inniu gabhann sí thar an ionracas lena ndéanann siad a gcuid oibre féin, agus an plé a bhíonn acu leis an Stát.

78

"Maidir leis na hathruithe bunúsacha atá ag titim amach i réimse na heacnamaíochta agus na hoibre agus arb ábhar imní iad, tá sé de fhreagracht ar na tuataí a bheith i dtús cadhnaíochta ag iarraidh réiteach a fháil ar fhadhbanna na dífhostaíochta atá de shíor ag dul i méid; troid chun an iliomad éagóracha, a shníonn ó bhealaí eagrú oibre gan an sprioc chuí, a chloí mar is fearr is féidir leo; cuallacht pearsan a dhéanamh den láthair oibre, pearsana a mbeadh meas orthu mar dhaoine ar leith, agus ceart acu chun páirtíochta; dlúthchomhar nua a chothú i measc na muintire a bhíonn páirteach in obair choiteann; modhanna nua fiontraíochta a spreagadh; agus athscrúdú a dhéanamh ar chórais trádála, airgid agus malartú teicneolaíochta" (*Christifideles Laici* §43).[4]

148. Dhealródh sé ó dhúshláin chomh mór sin gur beag agus gur suarach iad ár n-iarrachtaí. Déanann foilsiú grá Dé i gCríost an bhraithstint laigíochta sin a shárú; tuigimid go bhfuil an domhan go léir i lámha Dé, agus faoi dheonú Dé, nach dtéann aon obair ar son na córa, aon ghníomh dlúthchomhair, amú riamh. Is fáiltiú é roimh nuachruthú na córa, an ghrá, agus na síochána atá bunaithe cheana féin san aiséirí. Dearbhaíonn Críost dóibh siúd a chuireann a muinín i ngrá Dé go bhfuil ". . . bealach an ghrá ar oscailt do chách . . . agus nach rachaidh an iarracht dlúthchomhar uilíoch daonna a bhunú amú" (*Gaudium et Spes* §38).

149. Faoi sholas an chreidimh déantar suáilce dhaonna an dlúthchomhair a neartú go mór.[5] Tá aontacht an chine dhaonna bunaithe ar réaltacht Dé, ar a ngrá-san agus ar thrócaire Dé agus ní féidir go mbeadh an aontacht sin teoranta laistigh den réimse a bhaineann lena gcearta a thabhairt do dhaoine. Caithfidh an aontacht sin a bheith réidh leis na nithe breise nach féidir a éileamh mar chearta a bhronnadh – maithiúnas agus grá:

"Seachas na ceangail dhaonna agus na ceangail nádúrtha, dá dhlúithe agus dá thréine iad cheana féin, tá sampla nua d'aontacht an chine dhaonna á nochtadh dúinn ag solas an chreidimh, agus is é sin a chaithfidh, ar deireadh thiar, ár ndlúthchomhar a spreagadh. An buaicshampla seo d'aontacht, ar scáthán é de bheatha inmheánach Dé féin, an t-aon Dia i dtrí Pearsana, a bhíonn i gceist againne Críostaithe nuair a deirimid 'comaoin' " (*Sollicitudo Rei Socialis* §40).

150. Is minic a labhair Íosa ar an Ríocht, nó an riar a bhí ar aigne ag *a Athair* a dhéanamh ar imeachtaí an tsaoil. Éilíonn an Ríocht seo nithe orainn, ach san am céanna is tabhartas í (Lúc 12:32). Cuirtear fáilte roimh gach duine daonna inti; tá gach tabhartas daonna mar bhláth uirthi; tá gach caidreamh daonna mar chomhlíonadh síoraí uirthi. Iarrtar orainn mar Chríostaithe gach iarracht a dhéanamh dínit obair gach duine a mheas i gcomhthéacs thógáil na Ríochta.

151. An tuiscint go bhfuil Dia ag tógáil Ríocht na síochána trínne, tugann sé an chothromaíocht ar leith Chríostaí dúinn idir suaimhneas agus práinn. D'ainneoin an cur ina choinne a bhraithimid ionainn féin agus i ndaoine eile, ní ghéillimid. D'ainneoin a shuaraí a bhíonn na torthaí, ní ghéillimid. Aon ábhar náire amháin a bheadh againn, gan ár gcuid a dhéanamh.

> "In áit ár spéis i bhforbairt an domhain seo a mhúchadh, is é a mhalairt ar fad ba chóir a dhéanfadh ár súil le domhan nua, is é sin, sinn a ghriogadh chun cinn, mar is anseo a fhásann corp cine dhaonna nua, a fhógraíonn ar shlí éigin an aois atá le teacht. Fág nach mór dúinn, dá réir sin, idirdhealú go cáiréiseach idir forbhairt shaolta agus tógáil ríocht Chríost, mar sin féin baineann an fhorbairt sin go dlúth le ríocht Dé mar gur féidir léi riar níos fearr a chur ar an tsochaí dhaonna . . . Tá an ríocht i láthair go rúndiamhrach ar talamh anois; ar theacht an Tiarna tiocfaidh sí chun foirfeachta" (*Gaudium et Spes* §39).[6]

+ Cathal Cairdinéal Ó Dálaigh  
Ard-Easpag Ard Mhacha  
+ Deasún Ó Conaill  
Ard-Easpag Bhaile Átha Cliath  

+ Seosam Ó Casaide  
Ard-Easpag Thuama  
+ Diarmaid Ó Clúmháin  
Ard-Easpag Chaisil

# TAGAIRTÍ

1. The Grail, *This is the Laity: Simplification of "Christifideles Laici"*, London: The Grail, 1989, Uimh. 2, lch 9; Uimh. 3, lch 11. Féach leis: An Coimisiún Éireannach um na Tuataí: *Topics on the Laity from the Apostolic Exportation of Pope John Paul II*, Baile Átha Cliath: An Coimisiún Éireannach um na Tuataí, 1989; An Coimisiún Éireannach um na Tuataí, *Study Guide on "Christifideles Laici"*, Baile Átha Cliath: An Coimisiún Éireannach um na Tuataí, 1990.

2. *Obair na Córa: Tréadlitir Easpaig na hÉireann*, op cit, §60-61.

3. Féach tagairt 7, Cuid a Trí.

4. Eoin Pól II *Christifideles Laici (The Vocation and Mission of the Lay Faithful in the Church and the World)*, 30 Nollaig 1988, Baile Átha Cliath: Veritas Publications.

5. Feic ailt 75-80.

6. Vatacáin II, *Gaudium at Spes (Pastoral Constitution on the Church in the Modern World)*, 7 Nollaig 1965, in Austin Flannery OP (Eag. Ginearálta), *Vatican II: The Conciliar and Post-Conciliar Documents* (eagrán leasaithe), Collegeville, MN: Liturgical Press, 1984.

81